大見貴秀［著］
TAKAHIDE OMI
植田 幸［監修］
SACHI UETA

失敗から学び続けた、資産家ドクターの投資術

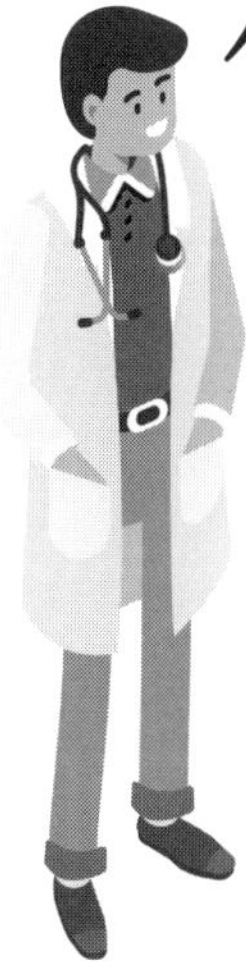

CROSSMEDIA PUBLISHING

プロローグ
未来が見えない医師の現実

理想とかけ離れていた、医師の現実

34歳のとき、私は病院を辞めました。勤務医ではなく、フリーランスの医師として生きる道を選択したのです。その後、開業していた父が病に倒れ、急遽私は地元に戻って院長になりました。

２００９年に帝京大学の医学部を卒業してから、大学病院の研修医、総合病院の勤務医、非常勤のフリーランス、そして開業医として、10年間近く医療現場で働き続けてきました。

そこで見たのは、多くの医師が仕事に忙殺され疲弊しながらも、ハードに働き続けることをやめられないという、理想とは全く異なる現実でした。
たしかに、一般のサラリーマンに比べれば医師は高収入です。しかし、仕事は激務ですし、患者の体調の変化と向き合っているので、緊張によるストレスを常に抱えています。余暇の時間も少ないこともあってか、ストレス解消として高級車を乗り回したり、ブランドの服を身につけたり、豪華な食事をしたりする先輩たちをたくさん見てきました。年収が1500万程度でも1000万円を超える車を購入したり、1億円を超える住宅を購入し、月々のローンの支払いに追われている医師も多くいます。

私はそのようなお金の使い方と働き方に長い間、違和感を感じていました。仕事に追われて自分のやりたいことができない毎日を過ごすのではなく、自分の医師としての技術と腕を最大限に発揮しながら、医師以外のやりたいことも優先できるような生活がしたいと思っていたのです。自分の人生は一度きりなのだから、自分が思い描いたビジョンを達成していきたい、そう考えてきました。そのような思いを持ちつつ、いままで働き、資産形成について勉強を始め、何度か失敗しながらも自分の理想に近づいてきたと自負しています。本書では、私のこれまでの経験と投資の知識を、これから資産形成を始めようとするドクターの皆さんにお伝えしていきます。

医師も時代の変化を見据えなければいけない

これから資産形成を始めようと考えている医師の皆さんは研修医、もしくは勤務医として働かれている方が多いでしょう。これから自分のキャリアを歩むわけです。大きく分けると、医師としてのキャリアの選択肢は次の4つになります。①大学の医局にそのまま残るか、②市中病院の勤務医を選ぶか、③非常勤のフリーランスになるか、④医師として開業するか。いずれの道を選択したとしても、やがては結婚し、子どもが生まれ、家族と生活する可能性も考えなければなりません。20年後、30年後の自分自身と家族について、あなたはどのような人生設計を描いているでしょうか。

ご存知の通り、サラリーマンとは違い、医師には定年がありません。生涯現役で働くことができるのですが、医師は当直やオンコールなど、体力と精神力をすり減らす仕事が多く、24時間勤務だといえるほどの激務です。あなたはそれに耐えて、生涯現役で働き続ける自信がありますか。

年齢が若ければ、将来については不安よりも希望のほうが大きいでしょう。けれども、いまはどんな分野でも変化が早い時代です。医療業界も例外ではありません。現に、２０１８年から新しい専門医制度が始まって、これまでの研修医の制度が変わることになりました。他にも高齢者医療の拡大、病院の廃止や統合、ＡＩの導入など、医療現場にも変化が起き始めています。

また医師は、国の医療政策によって状況が大きく変わります。現在の日本では社会保障が厚く、医療費により財政が圧迫されているのが現状です。保険点数の改定などにより、現在の水準の給与が保てない可能性は十分にありえます。これからの時代、医師の世界でも何が起こるかわからないのです。ただ、医師は高給取りであるがゆえに、堅実に貯蓄をする人が少ないように思います。もし、働けなくなったら、収入が極端に減ってしまったら。そのような可能性も考えて、将来を見据える時期が来ているのではないのでしょうか。

医師にも資産形成が必要

私は現在39歳、資産形成を始めて6年になります。始めるきっかけは、2度も体調を崩し、病院を辞めざるを得なかった経験が大きいと思います。もし、再度体を悪くして働けなくなったらどうするか、収入がなくなったらどうするか、将来の医師として生活に不安を抱き、いまできることは何かを考え始めたのです。そのときに、給料収入の他に収入源をつくっておけば安心だろうと思い、資産形成の勉強を始めました。

資産形成の方法はいくつもあり、実際にやってみましたが、最終的に不動産投資を選びました。なぜなら、不動産投資が医師にとって最も有効な資産形成のやり方だと確信したからです。その理由については、後々詳しく解説していきます。

あなたはいま、毎月の給料の中から貯蓄や投資にお金を振り分けていますか。お金に余裕があるからといって、ぜいたくな散財をする生活をしていませんか。

日々の激務に追われて、お金のことや資産形成について考えたことのない医師がたくさんいます。もしあなたもその一人だとしたら、いまからでも遅くはありません。お金について、勉強を始めませんか。何も知らない医師よりも、少しでもその知識を身につけておいたほうが、医師としてのこれからの人生に必ずいい結果をもたらしてくれるはずです。

本書では、資産形成だけではなく、私の少し変わった経歴やこれからの時代の医師の働き方についても話をしたいと思っています。病院の中で医療行為をするだけではなく、医師としての専門知識を活かして広く社会貢献する働き方があるはずなのです。小さくではありますが、私はその試みを始めています。

自分の経験がどこまで皆さんに通じるのかはわかりませんが、こんな医師もいるのだということで、ご自身の将来を考える上で参考にしていただけたらうれしく思います。

失敗から学び続けた、資産家ドクターの投資術　目次

第2章 理想の資産形成とは

第3章 資産家ドクターになるなら、不動産投資

第4章 これからの医師に求められるものとは？

第5章 不動産投資を賢く始めるためのQ&A

Q1 不動産投資の仕組みなどは理解できましたが、このあとまず何をしたらいいのでしょうか?
Q2 不動産投資のマイナスイメージがどうしても払拭できません。
Q3 実際の契約までの流れはどうなっているのでしょうか。
Q4 良い不動産会社を見分けるにはどうしたらいいのでしょうか。
Q5 物件の種類にはどんなものがありますか。
Q6 物件の地域は、どこがおすすめですか。
Q7 物件の仕様で注意すべきところはどこでしょうか。
Q8 不動産投資を始めるタイミングは、いつがいいのでしょうか。
Q9 買ったあと、どのようなフォローが必要でしょうか。
Q10 物件の売却時期、買換え時期はいつがいいのでしょうか。
Q11 不動産投資以外でやっておくべきものはありますか。

第1章

将来の不安から、資産形成を始めた

医師になるつもりはなかったが、父の背中を見て医療の道へ

私の父はもともと外科医で、私が幼いころから愛知県で内科クリニックを開業していました。父にしてみれば、将来は「医師になってほしい」と願っていたのでしょうが、小さいころの私は、そういう父に反発して、医師という職業には全く興味がありませんでした。単純な話ですが「血」が苦手だったこともあり、自分が医師になる姿がイメージできなかったのです。当時は、美容師やヘアスタイリストといったような、ファッション関係の仕事につきたいと思っていました。しかし、周りにその職業の人がいなかったので、どうすればそういう仕事ができるのかわかりませんでした。専門学校へ行って美容師になるというのが一般的なのでしょうが、当時の私は、道筋がわからずモヤモヤとした気持ちでずっと過

ごしていました。

親からは「勉強しろ」といわれていましたが、いわれるままに勉強することに納得できなくて、やる気が起きませんでした。「とりあえず大学くらいは出ておけ」と親にいわれたので高校には入りました。けれども、なぜ勉強するのか意味を見出せず、毎日がつまらなくて通うのが面倒になり、高校を辞めました。

当時は家に閉じこもって、テレビを見たり、漫画本を読んだりして、毎日をぼーっとして過ごしていました。そのような生活を続けていると、椎間板ヘルニアを発症してしまったのです。そこから体が少し良くなりかけたころ、毎日時間があったので、アルバイトを始めました。そのときはまだ、将来は何とかなるだろう、といいかげんに考えていたのです。アルバイトは、ウエーター、お好み焼き屋の店員、土木作業員などいくつかやりました。それらの仕事を通して、世の中のさまざまな価値観に触れ、私の考え方も少しずつ変わっていきました。

そのうち、中学の同級生たちが大学へ行き始めるようになりました。そのときに初めて気づいたのです。自分の最終学歴は中卒だ、これではいけない、と。高校の卒業資格ぐらいは取っておいたほうがいいと思い、大学入学資格検定を受けました。試験には無事に合格して、大学入学の資格を取得しました。18歳のときのことです。

大学入学資格を取得したあと、私は改めて思いました。このあとの人生をどう過ごしていくか。そのとき、父親の姿が最初に目に浮かびました。父のクリニックは実家に隣接していて、夜遅い時間でも患者に呼ばれては駆けつけていました。患者のために尽くし、感謝されている父の背中を見て、医師という職業に初めて興味を持ちました。そこから医師の道を志すようになったのです。

「医学部だったら東京の大学に行かせてあげる」と親にいわれていたこともあり、受験勉強をして、帝京大学医学部に入学しました。医者になることが一番の目的だったので、入学してからは、まじめに勉強しました。そして、医師免許を取って大学を卒業すると、研修医として名古屋に戻ることになりました。

2度目の体調不良で感じた、先の見えない恐怖

初期研修は市中病院で、後期研修は大学病院で行いました。初期研修のときは、医師の数が少なかったせいもあって、当直ばかり担当していました。また、自分が若手だったので、先輩の顔色をうかがったり、機嫌をそこなわないようにしたり、常に気をつかっていました。気をつかうのは、看護師さんに対しても同じです。私のほうが若手でしたから。体力も使うし、気もつかうし、早く初期研修が終わればいいなと思っていました。

後期研修では、麻酔科で入局しました。麻酔科を選んだのは、全身管理に関心があり、また他の科とは違う技術にやりがいを感じたからです。そこから、思っていた以上に多忙な毎日が始まりました。

その病院では、小児心臓疾患のＩＣＵに力を入れており、私は仕事場に四六時中張り付いていました。回復を待たずに命を失ってしまう小児患者がたくさんおり、その姿を見るたびに辛い思いをしていました。

働いてしばらくすると、肺炎にかかってしまい、長期休養をとらざるを得なくなります。2カ月の療養の間、改めて自分のキャリアを考えました。そして、もう一度東京で麻酔科医として働くことに決めたのです。名古屋での医局勤めを辞めて、転職活動のために人材斡旋会社に登録しました。そのとき、転職先の条件は次の3つでした。

❶麻酔を中心とした診療であること
❷多数の症例を経験できること
❸大きな病院ではなく中規模の病院

いくつかの病院で面接を受けた結果、私の求めた条件に合致したのが、東京のとある総合病院でした。アットホームな感じの病院で、優秀な指導医の先生がいらっしゃったのも大きかったです。実際に働き始めると、スキルアップはできている実感があったものの、中規模の病院ですから、当直をやったり、オンコールで呼び出されたり、麻酔科以外の業務もしなくてはいけなかったり、再びハードな生活が始まりました。しばらくすると、その多忙さに心身ともにストレスを感じ始めました。とくに麻酔科医は、手術時間が大幅に延長になったり、患者さんの状態によっては昼夜を問わず呼び出しもかかります。基本的に、当直は穏やかでしたが、翌日もほぼ睡眠が取れない中、勤務を続けなくてはなりません。またオンコールの担当になっていると夜間でも気を張らないといけないため、睡眠の質も落ちていたようです。救急車のサイレン音や自分のＰＨＳの着信音が聞こえるたびに強いストレスを感じて、トラウマになっていました。

皆さんもご経験があるかと思いますが、常勤医の仕事は非常に負担が大きく、プライベートや自分の心身の健康をないがしろにしがちです。私の場合は、心身を完全に休めることができる日が、月に数日しかありませんでした。次第に自律神経失調症のような症状が表れ始め、またしても病院を離れることになってしまったのです。辞めたときは、常勤医として働ける転職先を探そうと思っていました。しかし、また体調を崩してしまうのではないかという考えがどうしても頭から離れませんでした。医師は社会貢献性が高い職業です。プライベートを多少犠牲にしても、医療に貢献することが重要な使命であると、もちろん理解しています。それでも、一人の人間として、これ以上過重労働に耐えられるかどうかということに不安を覚えたのです。今度体調を崩してしまったら、もう医師として働けないかもしれない、いままでのような生活ができなくなるかもしれない、という恐怖がそこにはありました。私が資産形成について学び始めたのはこのころからです。

フリーランスの医師として働くことを選択

次の病院では勤務日数を週3日にセーブしたいと思い、いろいろと探しましたが、条件に合致する病院がなかなか見つからず、転職活動は難航していました。そんなとき、転職エージェントの人から「非常勤医として働く選択肢もある」と提案していただいたのをきっかけに、非常勤勤務を検討し始めました。非常勤勤務は私の希望と一致していましたが、一方で就業にあたり、常勤医のメリットが得られなくなることも懸念していました。

私が考える勤務医のメリットとは、

・社会保障（社会保険、厚生年金）
・退職金制度
・有給休暇、慶弔休暇などの福利厚生
・専門医の取得、維持
・銀行など金融機関からの信用がある

などがあります。それらのメリットを失うリスクも考えましたが、自身の健康とワークライフバランスを優先させ、非常勤医として就業することを決めました。非常勤医としての就業先を探すにあたり、一番重要視したのは労働条件です。具体的には、ときに残業はあっても基本的には定時で帰宅できるかどうかです。

そして、もう一つ重視したのが給与条件。非常勤医は常勤医と異なり、将来の年金支給額に期待はできません。また非常勤医は退職金制度がない場合が多いので、将来のお金は自分で積み立てていくしかありません。そのため、常勤医として働いていたときよりも、年間の総支給額を増やすことが重要なのです。相談していた転職エージェントの方に提案してもらい、給与水準が高い複数の病院で働くことが決まりました。ただ、交通の便に関しては若干の妥協をしました。東京や大阪をはじめとする大都市は、医師数が充足しており、給与の水準が低いことが多かったのです。ただ、大都市周辺にまで視野を広げることで、給料も勤務医のときより高く、自分で仕事の時間が選べる働き方を実現できました。

しかし、常勤医を選択しなかったのは、麻酔科医として一生生きていくつもりがなかったことも大きいと思います。麻酔科はかなり神経を使う仕事なので、長くはできないのではないか、とふだんから感じていました。私が麻酔科で専門医資格を取らなかったのも、それが理由でした。専門医の資格を取ると、ずっと麻酔科医をやり続けないといけなくなるからです。そのこともあり、2014年、34歳のときフリーランスの道を選択しました。フリーランスになってからの勤務時間は、基本的に9～17時、もしくは11～20時。稀に残業が発生することもありましたが、基本的に0時を超えることはなく、常勤医のころに比べると格段に生活は楽になりました。

2度にわたる起業、そして父の病院を継ぐことに

フリーランスで働き始めてからしばらくして、私は医師としての職業の他に、別の仕事で起業したいと思うようになりました。

そこで個人事業主として、お茶を販売する会社を立ち上げました。お茶を通して人々の健康に寄与したいと考えたからです。しかし、物販は難しくてうまくいかず、あまり売れなかったので2年ほどで断念しました。

ちょうどそのころ、現在の共同経営者と出会います。出会いはたまたまでしたが、以前は健康食品の製造販売企業に勤めており、ヘルスケアに興味があるというのです。お互いの話をしたのちに、彼から提案されました。

「ちょうど医療行為以外のサービスを医師が提供する会社をつくろうと考えているのです。一緒にやりませんか」

私は、すぐに興味を持ちました。前々から医師の専門的な知見を医療行為にしか活かせないというのは非常にもったいないと感じていたのです。興味があるとすぐに行動するという私の性格もあり、お茶の会社と並行して個人事業として始めることにしました。すると、かなり需要があることがわかったので、1年後に法人化し、現在の「株式会社Doctors Works（ドクターズワークス）」を立ち上げました。ドクターズワークスは、医師による医療行為以外のクオリティの高いサービスを提供することで、社会に貢献するとともに医師の新しい働き方を追求しています。具体的には、サプリメント、食事メニューなどの商品開発のサポート、専門性の高いライティング提供、各種メディア監修サービス、講演会、テレビ・雑誌・WEBへの出演などを行っています。立ち上げてから今年で3年、ユニークな試みとして注目され、仕事の依頼が増えてきました。

フリーランスの麻酔医として、またドクターズワークスの経営者として働いていた私に、2018年12月突然転機が訪れます。

愛知県で内科クリニックを営んでいた父が、脳梗塞で倒れてしまったのです。地元に長く定着していたクリニックでしたから、父の代わりに誰かが患者さんを診察しなければいけません。そこで、私が代診することになりました。麻酔医をすぐには辞められなくて、最初は週2回東京と名古屋を行ったり来たりしていましたが、2019年4月、正式に父のクリニックを私が継承しました。麻酔科と内科はやることが全く違うので、内科医として改めて学ぶことが多かったです。継承してまだ日が浅いのですが、現在は内科の開業医として地域の医療に貢献している毎日を過ごしています。

将来の不安、税金への疑問から資産形成をスタート

さて、ここまで私の経歴を述べてきました。医師としてはやや特殊な経歴だと言えるかもしれません。そんな私が資産形成を始めたのは、自分が体調を崩したことによる将来の不安を覚えたことと、フリーランスになったときに税金の納め方が大きく変化したことがきっかけです。もともと勤務医のときから、税金を引かれたあとに手元に残るお金を考えると働く時間の割に合うのか、と疑問を抱いていました。ただ勤務医のときは、所得税や住民税は源泉徴収されて病院側で計算してくれるため、そこまで気になりませんでした。しかし、フリーランスで働く場合、所得税は控除されますが、住民税は控除されません。その納税の変化から、投資の方法を調べるとともに、日本の税制についても勉強し始めまし

た。

住民税は前年度の収入に応じて、例年6月に納付の連絡がきます。医師は高収入であるため住民税も高くなり、しかも自分で4期（6月末、8月末、10月末、翌1月末）に分割して払う必要があるため、負担も大きくなります。

また、複数の病院に勤務するフリーランス医師の頭を悩ませるのが、確定申告です。フリーランスでも、所得税自体は月々の給料から源泉徴収されますが、複数の事業所で就業している場合、年末に確定申告をしなければならず、所得税の納付に不足があれば改めて納税する必要も出てきます。負担の大きさはあまり変わりませんが、「万が一給与を使い切ってしまったら納税ができなくなる」という一抹の不安をどこかで抱いていました。

所得税に関していえば、日本の所得税は累進課税制度を採用しているため、年収が高くなればなるほど税額が高くなります。たとえば、課税所得額が900万円を超え1800万円以下ならば税率は33%、1800万円を超え4000万円以下ならば税率40%、4000万円以上は税率45%、といった具合です。

もしあなたの年収が仮に1500万円だとしたら、150万円ほどの控除があったとしても、課税所得は1350万円前後。したがって所得税33％で、445万円を納税しなくてはなりません。さらに住民税（おおよそ課税所得の10％といわれています）135万円が加わると、合計約580万円が税金に取られることになります。

このような税制の仕組みに、私は不安を抱いたのでした。年収が2000万円を超えたら、その半分近くを税金に取られてしまうからです。税金の負担が大きく、毎日の生活費のことなどを考えると、思うように預貯金もできない。万が一、体調を崩して医師の仕事ができなくなったらどうするかという不安も重なり、給料収入以外の資産をつくっておこうと考えたのです。

資産形成の方法はいろいろあります。株式投資、FX、投資信託、不動産投資、外貨預金……。最初はよくわからなかったのですが、さまざまな情報を調べるうちに、それぞれのメリットとデメリットを把握できるようになりました。そこで不動産が医師と相性がいいということを知ったのです。不動産投資は、以前しつこく営業電話をかけられたこともあり、最初はあまりいいイメージを持っていませんでした。しかし、不動産投資をしている方から話を聞いたり、本を読んで研究するうちに、そのメリットを強く感じるようになりました。そして、インターネットで不動産投資会社をいくつか調べ、ある会社のセミナーに参加したのです。私が医師だったせいもあって、有力な顧客として登録してもらいました。何度かセミナーに足を運び、仕組みを説明してもらっているうちに、複数の目玉物件を紹介してもらえることになりました。

思いがけない出会いから、札幌で不動産投資を始めた

その中に、たまたま札幌の物件がありました。不動産会社の方と相談して、この物件を買ったときのシミュレーションをしてもらいました。税金がどのくらいかかるのか、還付金はいくらぐらいになるのか、といったようなことです。そして、現地まで物件を見に行きました。どのような不動産物件か、自分の目で見て確かめたかったのです。物件自体も悪くなかったし、周囲の環境も悪くなかったので、ここならいいだろう、と買うことに決めました。購入すると、節税対策や保険の代替機能としても期待できるうえ、さらにはローンを返済し終わったあとは年金の代わりにもなるということも魅力でした。

物件は、一棟の中古マンション。多少の頭金と融資により購入しました。つまり、手続きにかかった費用を除けば、自分の持ち出しはほとんどなく、資産が手に入ったわけです。もちろん毎月の銀行ローン返済がありますが、それは毎月の家賃収入でまかなえる計算でした。

ただ、中古だったのでかなりの修繕費用がかかりました。それは予想外でしたが、修繕費用は経費として計上できるので、最終的には確定申告したあとに所得税の還付として戻ってきます。

札幌の物件を購入した翌年、今度は東京都内の中古マンションを購入しました。札幌の物件の経験から、今度買うなら東京都内がいいと思っていたからです。あらかた融資での購入です。ここも中古マンションなので、入居者のことを考えると、リノベーションの必要がありました。かなりの費用がかかりましたが、これも確定申告のときには経費として計上できました。

リノベーションの前と後では部屋の模様が全然違ってくるので、入居者を集めるにはリノベーションをしたほうがいいと思います。また家賃を高く設定できることもあります。リノベーションをしたおかげで、問い合わせが多くなり、すぐに入居者が決まりました。現在はほとんどの部屋が埋まって、順調に家賃収入が入ってきています。

札幌に続いて、東京のマンションも購入したと聞いて、短期間でそんな高額の借入れをして返済はちゃんとできるのか、と心配される方もおられることでしょう。それができるのが、不動産投資のいいところなのです。

医師に向いている資産形成は、不動産投資

普通、銀行は億単位の全額融資などしてくれません。それがなぜ可能だったかというと、私が医師だったからです。一般のサラリーマンと比べて、医師は銀行の信用度が高いのです。同じ年収1000万円のサラリーマンと医師では、銀行の融資額が大きく違います。金融機関にもよりますが、サラリーマンの1・5倍も多い融資を受けられるケースがあります。それだけ医師は優遇されているわけですから、この特権を活かさない手はありません。

また、毎月の家賃をローンの返済に回すことができるので、給料から持ち出す必要がないので安心です。もっとも、それには毎月の家賃収入が返済額を上回るような物件である

ことが条件です。

札幌の物件を買ったとき、当初はこのまま持ち続けるか、ある時点で売却するか、どちらでもいいと思っていました。けれども、入居率が最初は95％ぐらいでしたが、1回空室ができるとなかなか次の人が決まらなくて、90％を下回ることもありました。そのうえ、修繕の費用がかさむということが続いたので、購入してから4年後に売却。売却したお金でローンの残債を返済しても、結構な額の利益が出ました。

したがって、私が現在所有している物件は東京のマンション一棟のみです。いままではフリーランスの麻酔科医としてそれなりの年収があったので、札幌と東京に一棟の物件を買うことができました。しかし、父の内科クリニックを継いだ開業医としてのいまは、フリーランスのときのような高収入は見込めません。

とはいえ、将来に備えて資産形成としての不動産投資はこれからも考えていく必要があります。いまの状態では一棟の物件を買える余裕はもうないので、これからは区分マンションの購入を考えています。

不動産投資は、必ずしも一棟でなくてもいいのです。中古一棟マンションだと購入には最低でも1億円程度がかかりますが、新築区分マンションならば2500万円程度から購入することができます。そして、中古一棟マンションよりも新築区分マンションのほうが、確実に投資の利益が得られ、長期で家賃収入が望めます。

自分でさまざまな資産形成を試してみましたが、一番いいのは不動産投資であると確信しています。次章からは、資産形成の投資にはどういうものがあるか、医師にはなぜ不動産投資が向いているのかを詳しく解説してゆくことにしましょう。

コラム

コンサルタントの目線❶

これからは、ドクターにもマネーリテラシーが必要

働き方改革、年金75歳支給など社会保障に関する国の施策に大きな転換がなされようとしているいま、医師を取りまく環境も大きく変化しつつあります。50代以上の方々は、医師は高給で裕福というイメージをお持ちの方が多くいらっしゃいます。しかし、そのイメージはもはや通用しなくなっているのです。

働き方改革で労働時間が制限される可能性があるので、当然いままでよりも収入が減ることになります。また、地方では経営が苦しい病院の統廃合が進められて、働き場所が少なくなり、収入確保の道が閉ざされます。さらに、医療のＩＴ化が進めば、いままで医師がやっていたことの一部をＩＴに任せることによって

仕事量が減り、それは当然労働時間減、収入減につながります。そのうえ、最近の世の中は病気にならないようにという予防医療の知識が広がって、「医者いらず」の傾向も出てきています。今後は増えすぎた医師や病院の需要が減って、医療業界も厳しい時代が訪れようとしています。もう「医師=高給」というイメージは昔のものになりつつあるのです。実際、最近の若い医学生や研修医に話を聞くと、将来、収入が減っても安定して生活ができるように、足固めを始めている方も多いようです。そして、先輩の働き蜂のような仕事ぶりを見て、「あのように働けるか不安」という声もよく耳にします。

ところが、将来の危機意識を持っている方があまりいらっしゃらないのが現状です。なぜなら本業に集中するあまり、他のことに関心を持っていない方が多いからです。これからの医師には、医療の専門知識とマネーリテラシーがどちらも求められると私は思います。若い医師の方々には、ぜひ早いうちから資産形成の知識を身につけることをおすすめします。

第2章

理想の資産形成とは

まず、お金の流れを「見える化」する

あなたはいま、自分の給料から税金がいくら引かれているか、また毎月の支出がどうなっているか、きちんと把握していますか。資産形成について考えるならば、まずお金に関する自分の現状を正確に知ることから始めなければいけません。

フリーランスになったとき、自分の税金がどうなっているかを調べた、と私は述べました。そのとき、エクセルで表をつくり、収入と支出、納税額を一覧できるようにしたのです。いわば、家計簿のようなものです。これがとても役に立ちました。ですから、皆さんもここから始めてみてはいかがでしょうか。これから資産形成をしようとするならば、まず自分のいまのお金の流れを一覧表にして「見える化」しましょう。

「見える化」するとき、注意しなければいけないことがあります。それは、収入ははっきり明細がわかるのでいいのですが、支出については、領収書があるものとないものが出てくることです。いつどこでいくら払ったかわからない支出があると、困ったことになります。

そこで、支払いをなるべく現金ではなく、クレジットカードで済ますことにしました。銀行口座にその履歴が残るので、アプリで管理すれば毎月いくら支出したかが明確になります。

医師は、お金が入ってくるとそのまま使ってしまう、そんな人が多いようです。たとえば、あなたが勤務医であれば給料の他にアルバイトの収入がありますよね。そのとき、給料とアルバイト収入の振込口座を同じにしていませんか。それが、そもそも間違いのもとなのです。

口座が一つだと収入と支出のバランスがうまく保てません。いまの口座残高の金額に、安心して過度の支出をしてしまうからです。それをくり返していたら、お金は貯まりません。

それを防ぐために、給料収入とアルバイト収入の口座を分けることをおすすめします。アルバイト収入の口座は貯蓄積み立て用として一切使わず、毎日の生活費その他はメインの給料収入の口座から支出する、そのくらいの工夫を考えるべきです。

もし資産形成を始めるのなら、さらに投資専用の口座を設けておくといいでしょう。予想外の支出が生じることがあるので、一定額は常に確保しておく必要があるからです。

また、先にも述べたように、遊びや趣味から生じる支払いは、現金ではなくクレジットカードだけにする、あるいは、キャッシュレスの引き落としにしましょう。何より使途不明金の支出をなくすことが大切です。私も些細な支出が積み重なって、大きい金額になっていることに気づきました。

いずれにしても、まずお金の流れを「見える化」して、現在の自分自身の収入、支出、納税額などをきちんと把握し、無駄な支出をなくすことが、資産形成を始める第一歩だということです。

独立開業など、将来に備えていくら必要なのかを考える

医者としていずれは独立開業したい、と考えておられる勤務医の方も多いことでしょう。そうであるなら、なおさら資産形成を考えなければいけません。なぜなら、独立開業するための資金はおおよそ1億円程度必要だといわれているからです。

私はたまたま父のクリニックを継承したので、そこまで経費はかかりませんでした。しかし、ゼロから開業を目指すとなると、準備がかなり大変です。

まずは、どこで開業するか場所選びから始まります。いま勤務している病院の近くにするか、自分が住んでいる地域にするか、それとも医者の少ない地方の街にするか。

次は、テナントとして入るビル探しです。開業医として独立した一軒の建物を持つこと

は多くの資金が必要になりますので、難しい方が多いかと思います。そのため、どこかのビルのテナントとして入ることになります。賃貸料がいくらかかるかはもちろん、部屋の大きさや周囲の環境など、自分の希望する条件に合ったビルを見つけるのは苦労します。

また、場所が決まったあともビルのテナント料だけでなく、医療設備のリース代、スタッフの人件費なども開業資金の中に見込んでおかなくてはいけません。

周囲の話を聞いていると、独立開業を目指すとやる気満々で意気込んでいた勤務医の方でも、開業までにいたるこうした面倒な手続きや資金の実態を知ると、途中であきらめてしまう人が少なくないようです。自分のやりたい医療をどうしても実現したいという強い志と信念がなければ、独立開業は難しいといえるのかもしれません。

さらに、独立開業に限らず、リタイア後の生活に備えるためなど、将来の自分にいくら必要なのか、目標を具体的に定めて資産形成を開始することが大切です。人生100年といわれる時代、給与収入がなくなったあとの老後の生活資金を確保するためにも、若いうちからその準備をしておいたほうがいいと思います。

株式投資のメリットとデメリット

資産形成の方法はいくつかあります。最も一般的なのは、株式投資でしょう。医師の中にも、株式投資をしている人は多い印象です。

株式投資とは、株式会社の活動に資金を出し、その証明書として「株式」を受け取る投資のことです。株式会社は企業活動をするために株を売り出します。その株を買うわけです。

株式投資のメリットは、企業の業績や景気変動によって大きな収益が期待できることでしょう。企業の活動次第によって、その会社の株価は上昇や下降します。買ったときの値段より高くなったときにその株を売れば、それだけ利益を得ることができるわけです。

また、株主になると、その会社から配当金を受けたり、株主優待などさまざまな特典を受けたりすることができるという、付帯的なメリットもあります。

さらに、インフレに強いのも株式投資のメリットです。株価は物価と連動して上昇する傾向があるので、預貯金や現金保有よりも効果的な資産運用だということができます。

ただし、株式投資にはデメリットもあります。それは、企業業績や景気変動によっては投資額がゼロになるリスクがある、ということです。株を持っていた会社が倒産したら、投資したお金は戻ってきません。

また、株価は常に目まぐるしく変動するので、その動きを見守っていなければなりません。自分の持っている株が値上がりすればうれしいですが、値下がりすれば気分が落ち込みます。そうした相場の流れに振り回されると、精神的なストレスがたまることになります。

このように、株式投資にはメリットもデメリットもありますが、結論からいうと、医師には向いていない投資法だと思います。なぜなら、相場の動きが気になって、医師の仕事に集中できなくなるからです。忙しい本業の合間、定期的に数字を確認し続けるのは、なかなか難しいと思います。本業がおろそかになるような投資なら、やらないほうがいいのです。

投資信託のメリットとデメリット

株式投資とともによく語られているのが、投資信託です。

投資信託とは、投資家から集めたお金を一つの大きな資金としてまとめ、運用の専門家が株式や債券などに投資・運用する商品で、その運用成果が投資家それぞれの投資額に応じて分配される仕組みの金融商品のことです。

資金を信託会社に預けて、その運用をプロに任せるわけです。株式投資と違って、自分でいちいち相場の動きを追いかける必要がないので、手間が省けます。資金は複数の運用先に投資されるので、一つの銘柄が値下がりしたら大きな損失を被るといったリスクを避けることができます。

また、少額の投資で始められるのも投資信託のメリットです。株式投資はある程度まとまった数量でなければ、株を買うことはできませんが（ミニ株などはあります）、投資信託なら1万円からでも投資が可能です。

とはいえ、運用をプロに任せるのですから、それなりの手数料がかかります。少額の運用だと、投資した金額よりも手数料が高額になることがあるため、解約時には元本割れのリスクが生じます。

さらに、投資信託のデメリットとしては、株式投資と同じように、運用成績は市場の動向に左右されるので、価格変動や金利変動などのリスクがあるため、元本の保証はありません。現在では、デリバティブを利用したハイリスク・ハイリターン商品もあり、株式投資以上にリスクのある商品も存在します。そのうえ、投資信託にはたくさんの商品があるので、粗悪な商品に引っかからないよう注意が必要です。プロに任せているから安心という訳でもないのです。やはり、自分自身で運用の状況をきちんとチェックしておかなければいけません。手間がかかるという意味では、投資信託も忙しい医師には向かない投資だといえるでしょう。

FX、外貨預金のメリットとデメリット

FX、外貨預金という投資法もあります。

FXとは、「Foreign Exchange（外国為替証拠金取引）」の略で、外国の通貨を買ったり売ったりして差益を得る投資法です。たとえば、1ドルが100円のときに10万円で1000ドルを買って、1ドルが110円になった時点で売ると11万円、1万円の利益が得られることになります。

FXは、少ない資金で大きな投資ができるレバレッジ効果を利用できます。レバレッジ効果とは小さな力で重いものを動かす、てこの原理になぞらえ、少ない資金で大きな収益が期待できる効果のことをいいます。これが、FXの大きなメリットです。現在、FX会

社のレバレッジは最高25倍となっているので、自己資金が4万円でも100万円分の投資ができることになります。

ただし、そのレバレッジ効果が逆に大きな損失をもたらすリスクもあります。なぜなら、25倍のレバレッジ効果を利用できるということは、損失割合も25倍になる可能性があるということだからです。

たとえば、1ドル＝100円のとき自己資金100円で10倍のレバレッジをかけて投資した1000円（100円×10）が、1ドル＝120円になったとしたら、「120円×10＝1200円」で、200円の利益を得ることになります。これが25倍のレバレッジだとしたら「100円×25＝2500円」の投資額が「120円×25＝3000円」で、500円の利益です。

では、1ドル＝80円になったらどうでしょうか。10倍のレバレッジでは、「80円×10＝800円」ですから、「800円－1000円＝－200円」の損となります。これが25倍のレバレッジだと、「80円×25＝2000円」となるので、「2000円－2500円＝－500円」の損となります。この例は少額でしたが、もしこれが3桁違えばどうでしょうか。レバレッジが大きいほど大きな利益が期待できる反面、そのぶん大きな損をするリスクもあるということです。名目上の取引手数料がないだけで、実は手数料が発生しているケースがあったり、各ＦＸ会社によって手数料が大きく異なりますので、注意しましょう。

ＦＸは為替レートの差を利用する取引です。為替レートは刻々と変化するので、相場を常に見ている必要があります。ＦＸは土日を除き24時間いつでも取引ができますが、相場は夜と朝に動くことが多いので、医師が激務の仕事を終えてそれに夢中になると、翌日の仕事に差し障りが出てくる恐れがあるでしょう。

ＦＸとは違いますが、外国の通貨を利用した投資として外貨預金という方法もあります。外貨預金とは、日本のお金ではなく、外国の通貨で預金をすることです。一般的に外国の通貨で預金したほうが、金利は高くなる傾向があるので、日本円で預金するより有利なのです。

また、１ドル＝１００円のときに1万ドル（１００万円）預けたとします。その後為替レートが1ドル＝１１０円になったとしたら、預金は日本円に換算して１１０万円になり、このとき払い戻しをすれば10万円の利益を得ることになるわけです。

しかし、為替レートが1ドル＝90円になったとしたら、預金額は日本円に換算すると90万円で、10万円の損が出たことになります。

このように、外貨預金はＦＸと同じように、為替レートによってその価値が変化するというリスクがあります。さらに円から外国通貨に換えるとき、外国通貨から円に換えるときなど、外貨預金の取引には手数料と税金がかかりますので注意しなければいけません。

医師として働き続けながら、投資を行う難しさ

ここまで述べてきた株式投資、投資信託、ＦＸ、外貨預金、これらの投資を私もすべてやってみたのですが、長続きしませんでした。相場の変動がどうしても気になり、忙しい業務中の合間を縫って、数字を追いかけることに疲弊してしまったからです。他の投資をしているドクターと話をしていると、数字が気になってトイレにこもってスマートフォンをチェックしたり、会議中もチラチラ見てしまうということが続き、何やってるんだろう、と急に我に返って投資をやめたという人もいるようです。私たちは医師として〝医療のプロ〟ではありますが、必ずしも投資のプロではありません。株式投資、投資信託、ＦＸなどは、銘柄選びに時間がかかるうえ、相場は日々変動するので、それを絶えずチェックし

ていなければいけません。また医師として日々、勉強していく合間を縫って金融知識をつけるのも並大抵のことではなく、負担が大きいようにも思います。もちろん、趣味として投資を行っていて、十分に知識と自信があるならば、株式やＦＸによる投資を行うのもよいと思います。しかし医師は金融市場が動いている時間帯に病院におり、自由に取引をすることができないことを忘れてはいけません。

また投資にはさまざまな種類があります。図１に代表的な投資のそれぞれの特徴をまとめています。預貯金も利息が付くローリスク・ローリターンな投資ですし、最近では個人型確定拠出年金「ｉＤｅＣｏ（イデコ）」という毎月一定の金額を積み立てて、自分で金融商品を運用し、60歳以降に年金または一時金で受け取るタイプの資産形成の方法もあります。ハイリスク・ハイリターンな投資には株式投資や投資信託、ＦＸ、仮想通貨などがあります。不動産投資は、ミドルリスク・ミドルリターンというポジションになるかと思います。

図1　各投資商品の特徴と不動産投資のメリット

	安全性	収益性	流動性	自己資金	手間
預貯金	◎	△	◎	○	◎
有価証券	△	◎	○	△	△
保険	○	△	△	○	○
不動産	○	○	△	◎	◎

- 安全性：家賃保証を付けることでより安全に運用できる
- 収益性：キャピタルゲインとインカムゲインが見込まれる
- 流動性：売買の手続きに時間がかかる
- 自己資金：少ない自己資金で始めることができる
- 手間：賃貸管理、建物管理ともに管理会社に任せることができる

図2に代表的な各種金融商品のリスクとリターンについて、わかりやすいようにマトリクスを作成したので、参考にしてください。投資を始めるとき、すぐにまとまったお金が必要なのか、それとも将来に備える資産形成のためなのか、その目的によって投資の対象が違ってきます。私の場合は将来の生活に備えるための投資でしたから、長期で安定した利益が得られる投資のほうがよかったのです。その結果、行き着いたのが不動産投資でした。

また不動産投資と一言でいっても物件により、リスクとリターンは異なります。たとえば、大まかな目安ですが図2のように、一棟マンション投資はリスク・リターンが大きく、区分マンションは比較的安全性の高いと考えてよいと思います。

図2　各種金融商品のリスクとリターンの関係

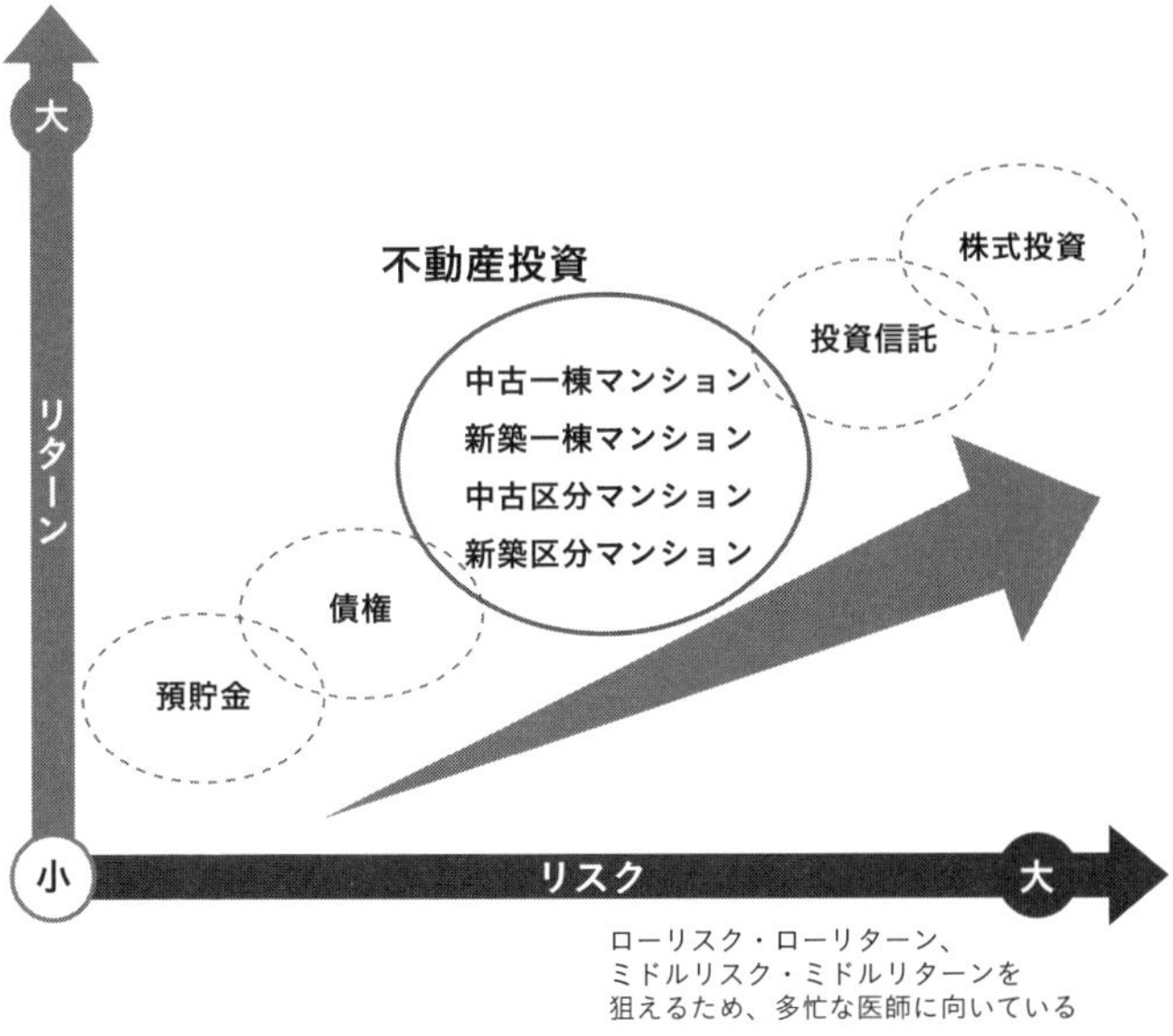

なぜ、私は不動産投資を選んだのか

不動産投資には他の投資とは違う特徴がいくつかあります。

①不動産投資は「長期安定型」の投資である

株式投資、投資信託、ＦＸなどの投資は、相場が安いときに買って高いときに売ることで利益を得る投資です。相場の値動きは激しく変動しますから、その変動に素早く対処して売却するチャンスを逃さないようにすることが大切です。したがって、早くまとまったお金がほしいという人に向いている「短期集中型」の投資だといえます。

これに対して不動産投資は、短期間で値動きが変動することはないので、すぐに売却しても利益は出ません。長く持っていることで価値が出てくる「長期安定型」の投資なのです。

②不動産投資は手間がかからない

不動産投資は、値動きが日々変動することはなく、知識がなくても運営ができるという点がメリットになります。不動産運用の経験がなくても、客付け（入居者募集）や物件管理のプロである不動産管理会社を頼ることができます。物件の選定に関しても、信頼のおける仲介業者を見つけることができれば、破たんの可能性の少ない優良物件を探し出すことも可能です。もちろん不動産運営の知識があるに越したことはないのですが、専門的な知識がなくても成功できるところが大きな特徴の一つです。

③不動産投資は投資対象が実物である

株式投資、投資信託、ＦＸなどは投資の対象がお金の数字です。その数字が動くことで相場が成り立っている、いわばデジタル感覚の投資です。数字は自分の手の中で確かめることはできません。モノとして握っているという実感がないのです。

これに対して不動産投資は、投資対象としての物件を現実に確かめられるので、自分が資産を手にしているという実感があることも、私にはよかったです。

④不動産投資は借入れができる

株式投資、投資信託、ＦＸなどの投資は、金融機関に資金の借入れを頼んでも貸してくれません。なぜなら、それらの資産は担保としての価値がゼロになる可能性があるからです。

不動産投資をするにあたっては、多額の資金が必要になりますが、これを全額自己資金から捻出することは、ほとんどありません。不動産は実物資産であるために、金融機関から融資を受けられるからです。また、医師は社会的地位と安定的な収入があるということで、金融機関からの評価が高くなる傾向にあります。医師という職業が融資の可否を決める際に有利に働くことも、不動産投資との相性が良い理由の一つではないかと思います。

⑤不動産投資は事業経営である

不動産投資は、物件を所有する投資です。投資したあなたは、一棟マンションもしくは区分の賃貸物件のオーナーになるわけです。オーナーとして、所有する物件が傷んでいないか、住んでいる人がきちんと家賃を払ってくれているか、入居者が出ていったら次の人をどのように探すか、などさまざまな気配りをしなければいけません。それは、賃貸管理という一つの事業経営を行っている、といっていいでしょう。

株式投資、投資信託、ＦＸなどの投資には、事業経営という要素は全くありません。自分の手間はかからないが、不動産投資の投資家は事業経営者である、ここは不動産投資が他の投資とは違う最も大きな特徴です。

医師もお金の知識を身につけよう

不動産投資を始めて、私はそのおもしろさに気づきました。

株式投資や投資信託やFXでは、よほどの投資の専門家でない限り相場を自分で動かすことはできません。しかし、不動産投資ではオーナーである自分が物件の価値をプラスにもマイナスにもできるのです。たとえば、中古の物件をリノベーションすれば新築並みの部屋になりますから、物件の価値は高くなります。長期間保有していれば、居住者が入れ替わるたびに、そのときの情勢に応じて家賃を調整し、対応することができます。

不動産投資には、そのような事業としてのおもしろさがあるのです。不動産に全く興味がないという人は別にして、自分が住んでいる家の間取りや内装について少しでも関心のある人は、賃貸物件のオーナーとして不動産投資のおもしろさが実感できるはずです。とはいえ、細かいことや手続きまで自分で行う必要はありません。その辺りはプロに任せながら、不動産経営の戦略を一緒に考えていけばいいと思います。もともと事業というものに興味があったので、私には最適な投資だったと実感しています。また、不動産投資は、入居者がお金を払ってくれる仕組みを買うことであるともよくいわれます。このことは、世に富豪といわれる人たちが、資産形成の一つとして必ず不動産を持っていることと関係があるのかもしれません。

しかし、私がいくら不動産投資や資産形成を始めたほうがいいとすすめても、周囲のドクターや研修医の多くはあまり関心を示しません。それは、お金に関する知識がないからだと思います。お金について学べば、資産形成がどれほど大切か知ることになるでしょう。お金の知識は、医師であっても身につけておくべきです。私は本やインターネットのブログを通して何とか学ぶことができたのですが、もし「医師専門のお金の講座」のようなセミナーがあれば、もっと早く詳しくいろいろなことを学べたでしょう。医師のための、お金についての基礎知識から資産形成の専門知識まで学べる講座。残念ながらまだそういうものがないので、ぜひどこかの機関でそれを設けてほしいと思います。将来、開業医や民間病院の院長として身を立てていくつもりのドクターなら、資産形成や医院経営などに関するお金の知識をいまのうちから学んでおくべきですから。

さて、ここまで私自身の投資体験をまじえて、医師にとっての資産形成はどうあるべきかを述べてきました。私の体験はあくまでも一つの例にすぎません。皆さんはそれぞれご自身の現状をしっかりと把握して、最も適した資産形成の方法を考えてください。

その場合、医師にとって有利な条件が揃っている不動産投資をまずベースにしたほうがいいと私は思っています。不動産投資なんて何やらあやしげで手が出せない、と躊躇している人が多いかもしれませんが、それは全くの誤解です。不動産投資とはどういうものかを正しく理解すれば、その誤解や不安はなくなるでしょう。次章でその解説をします。

コラム

コンサルタントの目線 ❷

投資に失敗してしまうドクターの共通点

いままで数多くの医師の皆さんの資産形成をお手伝いしてきました。同じように投資を始めて成功する人もいれば、思ったより結果が出ない人もいます。その差はどこにあるのでしょうか。

「1円を無駄にする人は1円に泣く」という言葉がありますが、私の経験からいうと、お金を無駄にするかしないか、その意識の違いが大きいと思います。お金を無駄にする、というのは必要のない浪費をしてしまうという意味です。

浪費ぐせのある人は、自分がいくらお金を使ったかほとんど把握していません。

たとえば、高級料亭などの値段の高いお店や分割払いで購入した高級時計や車などの請求が、1カ月で150万円を超えていても、何も感じなくなっている方がいます。最初は少額だった支払いが徐々に積み重なって大きな金額となり、浪費が当たり前になってしまっているのです。1円を無駄にするところから、浪費の悪循環は始まります。この感覚のまま資産形成を始めても、なかなかうまくいきません。浪費は自分だけの問題ではないケースもあります。ご家族がいらっしゃる方は、相談しながら進めるといいのではないでしょうか。

また、パートナーであるコンサルタントをうまく活用してもらえたらと思います。

まずは、コンサルタントとのコミュニケーションが大切です。もちろん、ドクターの皆さんには忙しくてどうしても連絡できないときもあると思います。そのときは、落ち着いてから短いメールをするだけで、担当者との関係性は変わります。細やかなサポートやさまざまな情報を教えてもらうためには、担当者とパートナーシップを築くことが一番の近道です。

第3章

資産家ドクターになるなら、不動産投資

不動産投資の仕組みとは？

本章では、不動産投資について詳しくお話をしていきます。まずは、不動産投資の仕組みを説明しましょう。不動産投資とは、投資する人が自分の持ち家以外の不動産を所有し、それを第三者に貸して賃料収入を得る、または売却してその利益を得られる投資です。

株の配当や不動産の家賃収入など、資産を保有することで定期的に入ってくる現金収入のことをインカムゲインと呼びます。一方で、保有資産を売買することで得られる利益、不動産では購入時の値段よりも高く売却して得られる利益のことをキャピタルゲインといいます。他人の資本（融資）を使って、不動産を手に入れて、他人（入居者）が賃料という形でその借入金を支払ってくれるシステムを構築できることが大きな特徴です。

図3　不動産投資、区分マンション経営の仕組み

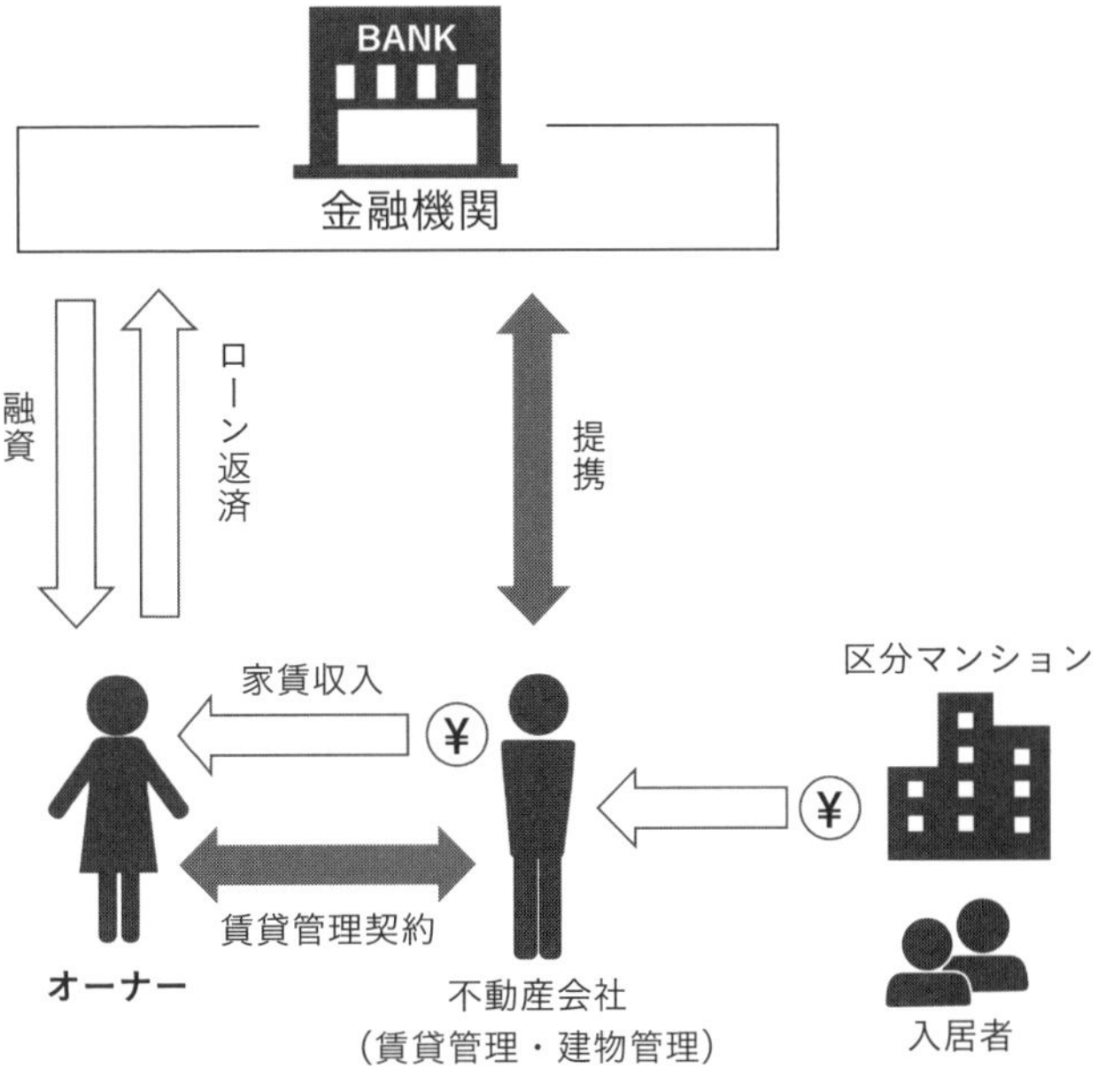

前頁の図3を見てください。ここで、不動産投資の仕組みを理解しておきましょう。

まず、オーナーとしてのあなたがいます。あなたは金融機関から融資を受けるとともに、ローン返済の義務を負います。融資を受けたお金で投資対象の物件を購入します。物件は管理会社に管理してもらうので、その委託費用を払わなければいけません。その代わり、管理会社はあなたの代理として入居者の募集、賃料の集金、物件の管理などを行ってくれます。その結果、あなたは入居者から家賃収入を得ることができるわけです。

不動産投資は実際に何をするのか

不動産投資の流れを、簡単にシミュレーションしてみましょう。

①物件情報を集める

まず、購入する物件を探すことから始まります。物件は不動産会社が販売しているので、不動産投資会社、また町の不動産屋に相談するか、もしくはインターネットで探します。インターネットには物件情報のサイトがたくさんあります。たとえば、こんな物件情報を見つけたとします。

「価格＝2200万円。利回り＝4・5％。○○駅徒歩8分。階数＝5階／8階。総戸数

＝30戸。専有面積＝22・5平方メートル。間取り＝ワンルーム」

最寄り駅から徒歩8分のところにある、総戸数30戸の8階建てのマンション、その5階のワンルーム、価格は2200万円、ということです。

他に「利回り4・5％」という情報があります。利回りとは、投資した金額に対して得られる見込み収益の割合のことで、不動産投資には、表面利回りと実質利回りの2種類があります。物件情報に出ている利回りは表面利回りの数字です。

表面利回りとは、年間の家賃収入を購入価格で割った数字のことです。したがって、上記の物件では利回りが4・5％なので、「2200万円×0・045＝99万円」で、年間の家賃収入として99万円が入ってくる計算になります。

②収支を計算し、購入する物件を決める

利回りの数字が大きいほど家賃収入は多くなることになりますが、利回りの数字をそのまま信じてはいけません。なぜなら、それは常時必ず部屋を借りている人がいる、ということを前提に試算している数字だからです。賃貸は空き室になることもあるので、利回り

の数字だけではなく、入居者を確保することができるかどうか、物件の立地条件も考えて総合的に判断することが大切です。

さて、物件を決めました。価格は2200万円です。その購入代金はどのように用意したらいいでしょうか。手持ちの現金で払う必要はありません。金融機関からできるだけ融資で借りるのです。前にも述べたように、医師という職業は信用度が高いので、金融機関によっては年収の10〜12倍程度まで融資してくれるのです。また、一般の方よりも金利が低い傾向があります。そして、月々の返済は賃貸の家賃収入から支払っていきます。

2200万円を35年ローンで返済していくとすると、単純計算では「2200万円÷35＝約62万8600円」、仮に金利が1％としてそれを加えれば、おおよそ75万円が年間のローン返済額になります。先に示したように、年間の家賃収入は99万円ですから、「99万円－75万円＝24万円」で、ローン返済をしても年間24万円が手元に残ることになります。

もちろん、これは一つのモデルとして計算したものなので、融資を受ける金額、ローンの返済期間、家賃収入の見込みなどの違いによって、条件は異なります。また、ローン契約にともなう手数料もかかるので注意してください。

③ 入居者を集める

物件を購入後、考えるべきはいかに入居者を集めるかです。賃貸の借り手が見つからなければ、家賃収入が得られません。したがって、まず入居者を探す必要があります。といっても、情報を公開したり、広告を出稿したりと、個人で集客を行うのは非常に大変です。入居者を募集することを専門にしている不動産会社があるので、そこに頼むといいでしょう。

④ 不動産の管理運営を行う

さて、入居者も決まりました。次は、家賃の集金をどうするか、部屋のメンテナンスをどうするかなど、入居者と折衝する必要が出てきます。また入居者同士のトラブルなど、自分の力だけではどうにもならないことも発生します。それをすべて自分でやるのは非常に大変ですから、ここも建物の管理を専門にしている不動産会社に任せましょう。

以上が、不動産投資の大きな流れです。物件の購入、入居者募集、建物の管理、それぞれ別の不動産会社や不動産管理会社ですと、各々交渉しなければいけないので相当な手間がかかってしまいます。不動産会社の中にはそれらの機能をすべて備えた会社もありますから、そこに任せるのがいいと思います。何かのトラブルが起きても、窓口が一つのほうが対応もスムーズになり安心です。

不動産投資のメリット①
生命保険の代わりになる

不動産投資には大きなメリットが3つあります。保険的機能、年金としての効果、節税効果です。どんなメリットなのか、それぞれ解説しましょう。

まず、不動産投資の保険的機能についてです。金融機関から融資を受ける際、基本的に「団体信用生命保険」に加入することになります。金融機関からすれば、ローンの返済中に本人が高度な障害や病気で仕事を辞めざるをえなくなったり、もしくは亡くなったりすると、返済ができなくなるリスクを負うことになります。

団体信用生命保険は、そうした事態に備えて、ローン返済中に本人に万が一のことがあれば、生命保険会社がローンの残金を払ってくれるという保障制度です。したがって、ローンの返済契約者本人が返済途中で亡くなったとしても、保険会社が全部払ってくれるので、残された家族がローンの残債を返済する義務はありません。

そのうえ、不動産からの家賃収入は継続して入ってきますから、家族にとってはそれが遺族年金のような形でまるまる生活費として使えることになります。もちろん、すべての物件を売却してお金に換えることも可能です。これは不動産投資の大きなメリットだといえるでしょう。

先日、こんな話を聞きました。大規模な不動産を所有していた方が亡くなったとき、こんなに多額の借金を抱えてどうしたらいいのか、と奥さんはかなりパニック状態になったそうです。団体信用生命保険のことを知らなかったためですが、その説明を聞いたときはとても安心したと仰っていました。いまでは残された大規模な不動産から安定した家賃収入があるので、不自由なく生活できているそうです。

いまの団体信用生命保険は、死亡だけではなく、初期のがんや女性特有の病気になったときでも保障されるように適用が広がって、医療保険の要素も加味されています。掛け金も安く、保障も厚いので、一般の生命保険に入るよりも有利かもしれません。なお、団体信用生命保険の保険料は毎月のローン返済額の中に組み込まれていますから、別途保険料を払う必要もありません。

不動産投資のメリット②
年金としての効果

次に、不動産投資の年金的効果についてです。

購入した不動産のローンを35年かけて全額返済したとしましょう。もしあなたがいま35歳だとすれば、そのとき70歳になっています。ローンを完済していますから、家賃収入はそのまま70歳以降のあなたの不労収入、つまり年金と同じことになるわけです。

もちろん、所有している物件は35年の間に古くなっていますが、リフォームもしくはリノベーションすれば借り手はつくでしょう。物件を所有し続けている限り、収入は確保できるのです。さらに、物件は資産として残っていますから、購入時の価格よりも価値は下がっているにしても、それを売却すればかなりゆとりあるお金を手にすることができます。

ローンの返済を満期ではなく繰り上げて返済すると、なお有利です。それだけ早く年金として活用できることになるからです。複数の物件を所有しているなら、その効果はより大きいでしょう。

たとえば、物件を2戸持っているとすると、そのうちの1つを売却して、そのお金をもう1戸の物件の繰上返済にあてれば、手持ちの貯蓄を減らすことなくローン返済が完了し、完済した物件からの収入は私的年金として役立てることができます。

ただし、築年数を経た物件を維持している限り修繕費用などの出費があるので、完済後の家賃収入が全額まるまる年金として使えるわけではありません。そこは注意が必要です。

不動産投資のメリット③
節税効果

次に、不動産投資の節税効果についてです。

不動産投資で物件を購入すると、賃料収入が発生するので、毎年確定申告をしなければいけません。

研修医や勤務医の給与収入の他にアルバイト収入も得ているあなたなら、当然確定申告をしていると思いますが、不動産を購入して家賃収入を得ると、それが不動産所得として加算されて、翌年の申告で所得税と住民税の対象になります。不動産所得の金額は、次のように計算します。「総収入金額－必要経費＝不動産所得の金額」。

総収入金額とは、賃貸の1年間の家賃収入のことです。必要経費とは、固定資産税、不動産取得税、損害保険料、減価償却費（＊）、修繕費、仲介手数料、不動産管理費、税理士報酬、図書費、交通費などの経費です。

多くの場合、総収入よりも必要経費の金額のほうが大きくなるので、不動産所得は赤字になります。これが節税効果になるのです。不動産所得の赤字が給与所得と合算（損益通算といいます）されると、総所得の額が減るので、税金も少なくなるわけです。

たとえば、あなたの課税される所得金額が1000万円で不動産所得がゼロだとすると、税率は33％なので、330万円が所得税としてとられることになります。これに対して、もしマイナス100万円の不動産所得があったとすれば、損益通算されて「1000万円−100万円＝900万円」が課税される所得金額になります。900万円の税率は23％ですから、所得税は207万円。すなわち、不動産所得がゼロのときよりも120万円余り税金が安くなります。確定申告すれば、給与から天引きされて多くとられていた所得税のぶんがのちに還付金として戻ってきます。

このように、不動産投資をすると節税効果のメリットがあるのです。ただし、多くの人が誤解をしているのですが、節税効果は長く続くものではありません。還付金が毎年必ずあるわけでもありません。なぜなら、必要経費の部分が年を経るごとに減っていくからです。物件を購入した1～2年目はさまざまな諸経費がかかるので節税効果はたしかに大きいのですが、3年目以降も同じというわけではないので、注意が必要です。あくまで、節税効果はメインとして考えないほうがいいでしょう。

＊減価償却費＝不動産の購入価格をそのまま経費として計上することはできない。その代わり、経年による価値の目減り分を減価償却という一定の方法で減価償却費として計上する。計算は次のとおり。「建物価格×償却率＝減価償却費」。償却率は国税庁の「減価償却資産の償却率表」を参照。

不動産投資のデメリットを知り、対策を考えておく

保険、年金、節税と不動産投資にはいくつかメリットがあるのですが、反対にデメリットもあることを忘れてはいけません。不動産投資のデメリットとしては、次のようなことが考えられます。

❶空室リスク
❷天災リスク
❸管理修繕費変動リスク
❹金利上昇リスク

❺倒産リスク

それでは、一つひとつ説明していきます。

❶空室リスク

空室リスクについては、いうまでもないでしょう。購入した物件に入居者を確保できなければ、家賃収入がありません。最初の入居者が確保できたとしても、その人が出ていったあと、次の入居者が見つからずに空室になってしまう場合があります。家賃収入はそういうリスクがあるので、不動産投資に不安を抱いている人が多いのです。私も札幌の物件は中心部からは外れていたため、一度出てしまうと数カ月単位で入居者が入らないということを経験しました。思った以上に入居者の退去は精神的なストレスなのです。けれども、心配はいりません。

入居者がいなくても、不動産会社が家賃を支払ってくれる「家賃保証」というシステムがあるからです。不動産会社が、毎月の家賃から手数料を引いた金額をオーナーに払ってくれます。手数料は不動産会社によって異なりますが、だいたい8~10%です。

たとえば、毎月10万円の家賃であればその8%の8000円が手数料として引かれて、残りの9万2000円が家賃として保証されるわけです。したがって、家賃保証があればたとえ空室になったとしても、家賃収入がゼロということはありません。ただし、すべての不動産会社が家賃保証というシステムを取っているわけではないので、不動産会社を選ぶ際には注意しましょう。

❷天災リスク

次に、不動産には天災のリスクが伴います。地震や津波や火事といった災害は、突然にやってきます。地震がきても絶対に倒れない、津波がきても絶対に流されない、火事になっても絶対に燃えない、などという保証はだれにもできません。したがって、天災のリスクを少しでも防ぐためには、みずから地震保険や火災保険で備えるしかないのです。

ただし、物件選びの際、耐震性の高い物件を選ぶ、燃えにくい構造の物件を選ぶなどの配慮は必要です。

❸管理修繕費変動リスク

建物は長い間にだんだん老朽化していきます。古く傷んだ建物には入居者が入りません。ですから、オーナーとしては常に修繕とメンテナンスを心がけなければいけません。そのための費用をふだんから用意しておく必要があります。

また、建物の管理費も5～10年ごとに上がる場合があります。それを知らずにいると、あとでこんなはずではなかったと後悔することになるので、事前にきちんと調べておきましょう。

❹金利上昇リスク

不動産投資をするとき、金融機関から資金の融資を受けることになります。融資には金利が伴います。いまは低金利ですから融資が受けやすくなっていますが、金利は今後ゆるやかに上がっていくと予想されています。変動金利の返済を選択した場合、金利が上がると返済の支払いが増えていくので、そのリスクがあるといえます。

変動金利とは、金融機関の融資の金利タイプの一つで、返済の途中で市場の金利の変動に連動して金利が見直されるものを指します。不動産投資は、この変動金利で融資を受ける形になります。これに対して、返済の全期間が一定の金利で変わらないタイプを固定金利といいます。変動金利の金利上昇リスクを避けるには、ローンの返済期間を短くするなど対策が必要です。ただし、金利が上がるときは不動産の価値も上がることが多いので、不動産を売却するタイミングともいえます。その際は、選択肢の一つとして考えてもいいでしょう。

❺倒産リスク

不動産投資には、不動産を販売した会社や管理している会社が倒産してしまったらどうするか、というリスクがあります。不動産業界は動きが激しいので、そういうケースが少なくないのです。

ただし、心配はいりません。不動産会社が倒産しても、所有している不動産の権利はオーナーが持っているので、不動産を取り上げられることはありません。しかし、新たに管理会社を探す必要があります。管理会社によっては、手数料が変わる可能性があるので要注意です。

不動産投資の賢い始め方

このように、不動産投資にはいくつかのリスクが伴いますが、物件選びのときに気をつけていれば十分対応できるものばかりです。

物件選びの際、もう一つ考えておくべきポイントがあります。それは、いつ売却するか、ということです。もちろん、売却せずに持ち続けてもいいのですが、売却することで利益を得たい、と考えておられる人も多いはずです。

不動産は、株式投資やFXなどのように毎日値動きするというものではありません。したがって、物件を購入してすぐに売却しようとしても利益は出ません。購入したときよりも高い値段で売却して利益を得たいと考えているのなら、ある程度の期間、物件を所有し続けている必要があります。

では、その目安はどのくらいでしょうか。私が相談している不動産会社では、7年から10年ぐらいが一つの目安になるということでした。その時点で売却する人は、節税効果がなくなったから、という理由が多いそうです。保険や年金目的で不動産投資をやっている人は7年や10年で売る必要はないので、そのまま持ち続けます。自分が不動産投資を行っている目的に合わせて、今後どうするかをイメージしておくことが大切です。

長く保有していると、景気の変動で価値が下がってしまうこともあります。ですから、売却するのであればそのタイミングを誤ってはいけません。たとえば、築10年以内であればまだ値下がりもそう大きくはないでしょうし、その間の家賃収入もかなりあったはずですから、物件を売って新しく買換えることもできます。

私は、札幌に持っていた物件を数年で売ってしまいましたが、それは入居者が集まらない立地だったからです。将来の資産として物件を所有するのなら、札幌よりも東京のほうが有利だと考えて、2件目の物件は東京で探しました。ただし、札幌と東京の物件はどちらも一棟だったため、管理するオーナーとして面倒なことがたくさんありました。その反省もあって、今度不動産を買うときは、一棟ではなく区分マンションを選ぼうと思っています。

これから初めて不動産投資をする人にも区分マンションから始めることをおすすめします。では、どのような物件を選ぶべきか。私が相談した不動産会社の人はこんなことを言っていました。

「区分マンションを選ぶときは、2つのポイントが大事です。一つは、安定した賃貸需要が見込める立地条件のいい物件を選ぶこと。もう一つは、なるべく築年数の浅いマンションを選ぶことです」

安定した需要が見込めるとは、空室になることがなく常に居住者を確保できる、ということです。空室がないのは、その物件の立地条件がいいので住みたがる人が多いからです。たとえば、駅に近くて通勤しやすい、周辺に病院やスーパーなどがそろっていて生活しやすいなど、多くの人がそこに住みたいと集まってくるエリアにある物件です。

私が東京に物件を買ったのは、それが大きな理由でした。東京にはこれからも単身者が集まってくるので、23区内のワンルームマンションであれば安定した需要が見込まれるだろうと考えたのです。

また、同じワンルームマンションでも、中古よりは新築のほうが入居者を得やすいのは当然でしょう。ただし、中古でもリフォームすれば新築と同等の価値になることがありますから、入居者を確保できます。リフォームの費用はかかりますが、中古は新築よりも価格が低いので、中古を選ぶのも一つの選択肢なのです。

このようにいくつかの条件を考えると、これから不動産投資を始めようという人は、賃貸需要が最も見込める東京23区内の新築及び築浅のワンルームマンションに投資するのが安全だと思います。もちろん、東京以外でも需要が見込めるエリアはあるでしょう。東京のマンションよりは価格は低いはずですから、手が出しやすいかもしれません。

いずれにしても、物件の選択を間違えると失敗するので、物件選びがとても重要です。不動産会社の中には、実態とは異なる見栄えのいい数字を並べて勧誘するところがあるので、気をつけなければいけません。不動産投資について詳しく正確な情報と知識を持っている、信頼できるアドバイザーを見つけることが大切です。

複数の物件を持つメリット

初めて不動産投資をする人は、とりあえず物件を1つ購入しようと考えるのが普通でしょう。しかし、先にも述べたように、医師には一般の人とは違う優位な特権があります。医師という職業の信頼性で、金融機関から低い金利で高額の融資を受けられるのです。

たとえば、1億円の融資が受けられたとしましょう。区分のワンルームマンションならば、1戸2500万円の部屋を4戸買うことができます。

じつは、1戸よりも複数戸所有したほうが、不動産投資の効果が倍増するのです。なぜなら、1戸しか所有していない人はその物件を売却するか持ち続けるか、そのどちらかの選択しかできませんが、複数戸所有していると選択の幅が広がるからです。

仮に、物件を3戸持っているとしましょう。そうすると、1戸は生命保険用としてずっと持ち続ける、1戸は売却用としてある時点で売却し、そのお金で残りの1戸を繰上返済すれば、以後年金代わりの家賃収入が全額得られる、というわけです。

医師は不動産投資の初期段階から複数戸購入できる融資を受けられるのに、そのことを知らない人が多いのでもったいないなと感じています。普通の会社員は不動産投資をやりたくてもできない人がいるのに、医師は自分たちが優遇されていることを知らないのです。

ただ、私は医師ならば最初から3戸持つべきだ、とすすめているわけではありません。3戸買いたいと思っても、不動産会社の事情によって1戸しか買えない場合があります。また、3戸買うにしても、同じエリアで3戸買うのか、それともエリアを分散して3戸買うのか、そのあとの投資状況が変わってきます。不動産投資にはそれだけ難しいところもある、ということです。

ですから、初めて不動産投資をする人は、まず1戸から始めて少しずつ増やしていくのがいいのかもしれません。その際、やはり信頼できる不動産会社を見つけることが大切です。

パートナーとして選ぶ会社の条件

私は、販売をしてもらう会社、入居者を募集する会社、建物管理をしてくれる会社、売却専門の会社など、いくつもの不動産会社と関わっていました。ただ、それぞれの会社は、自分の専門のことしか相談に乗ってくれないし、専門以外のことには責任を負ってくれないことが多いのです。たとえば、販売会社は物件を売ってしまえば、その物件に入居者が入っても入らなくても、その責任は負いません。ですから、物件を購入したオーナーは入居者募集の会社へ別途相談していくことになります。入居者募集の会社は、入居者の手配はしてくれますが、入居者が部屋を破損したとしても、その修理をしてくれるわけではありません。このように、すべてが分業化されているとそれぞれに対応しなければならないので、大変な手間になりました。当時はフリーランスで、時間の余裕があったから何とかできたものの、いまでは難しいかもしれません。しかし、それらの手間を省いてくれる不動産会社もあります。監修である植田さんが所属している会社もそうですが、不動産投資をしたいと思っている医師のために、物件の紹介から購入、建物管理、アフターフォロー、売却の出口戦略まで、すべてを1社でサポートしてくれる会社もあります。そこも含めて、相談相手を探すという気持ちで会社を選ぶといいと思います。植田さんとの出会いは、たまたまインターネットで調べて、物件の売却の相談に行ったのがきっかけでした。私はそれまで医師専門の不動産会社があるとは知らなかったので、いろいろな話をしているうちに、この会社の不動産運営の構想に興味を抱きました。社員の方の対応が丁寧で、こちらの疑問にもきちんと答えていただき、信頼できるなと感じたので、それからは不動産運用のコンサルティングをお願いしています。

するとあるときセミナーの講師をやってもらえないかといわれたのです。勤務医はなかなか人前に出たがらなくて講師をしてくれる医師がいらっしゃらないので、ということでした。私は勤務医ではなかったし、人前に出ることもおっくうではなかったので、引き受けることにしました。「医師としての資産設計」と題し、セミナーで私自身の不動産投資の経験と考え方をお話ししました。内容としては、これから不動産投資を始めようとする人に、会社選びの大切さを伝えるものです。私は自分の経験から、業者選びのポイントとして次のようなことをお話ししました。

①ワンストップサービスを行っているか

物件の購入から運営、建物管理、売却まで一気通貫で行ってくれる。問い合わせ・相談・回答・解決の窓口が一つになっていること。

②安心感があるか

入居者の募集や管理も行ってくれるので、医師としての本業に集中できる。家賃収入が安定していること。

③ パートナーシップ、信頼関係を築けるか

投機的な運用ではないため、中長期的なおつき合いをすることになる。信頼関係が築ける担当者、会社であること。

④ 幅広いコンサルティングをしてもらえるか

不動産はもちろん、幅広くお金に関する相談ができること。

不動産投資をこれから始めようという人は、これらの条件を備えた不動産業者を選ぶようにすればいいと思います。

コラム

コンサルタントの目線 ❸
ドクターの皆さんが投資を始めたきっかけ

投資を始めるきっかけは、皆さんそれぞれ違います。月8回の当直をこなすなど、ハードに働く勤務医の先生をお手伝いしたことがあります。

たまに帰っても、あまりの疲れからほとんど寝ているような生活を送っていたそうです。その先生に、なぜ不動産投資を始めたのかをお伺いしたことがありますが、そのコメントが非常に印象的でいまでも忘れられません。

「自分で選んだ道だから、激務であろうとも一生医師で働くことに迷いはありません。でも家族ができてから、自分一人の身体ではなくなり、自分に何かあったら……と考えるようになりました。休日に家族で公園に行ったとき、小学校に入ったばかりの娘に『パパは何歳まで元気？　私が大人になっても元気？』と大人びた質問を突然され、一瞬言葉に詰まってしまいました。それを見て不安そうな顔をしている娘に明るい笑顔でフォローを入れていた妻を横から見ていたときに、このままではいけないいな、そう思ったんです」

この一言をきっかけに、いまの生活水準を維持しながら、自分の労働時間をコントロールできる方法はないかと考え始めたそうです。こちらの先生は最終的に不動産投資を選択されましたが、いまの目標は不労所得を目標額まで増やして、ライフワークバランスを改善して『娘が中学に上がる前までに長生き宣言すること』だと仰っていました。理由は、『思春期に宣言しても無視されちゃうかもしれないから』ということですが。このお答えを聞いたときに、ただ単に資産形成のお手伝いをするのではなく、お客様の生活をそしてご家族の幸せを徹底的に考えなければいけない、と感じました。不動産投資はゴールではなく、一つのきっかけなのだと思います。これから資産形成を始める前に、一度その先の目標を考えてみてはいかがでしょうか。

第4章

これからの医師に求められるものとは?

ここまで、どのように私が投資をしてきたのかをメインに解説してきました。本章は、これまでとは切り口を変え、投資を始めているドクター2人にインタビューした模様をお伝えします。ドクターたちが、資産形成を始めたきっかけは何か。それを探るべく「いまの医療現場の課題とは何か？」「なぜ投資を行ったのか？」「これからの医師には何が求められるのか？」ということ中心に取材を行いました。聞き手は、クロスメディア編集部です。

Doctors Interview vol.1

頑張っていれば、医師が安心して暮らせる時代はもう終わった

某大学病院救命救急科勤務 K医師

テレビドラマの題材に取り上げられることも多い、救急医療の世界。そのドラマティックなイメージもあり、病院の花形ともいえる部門だ。しかし、現在の職場環境に危機感を感じているドクターたちもいる。今回、お話を伺ったとある大学病院に勤めるK医師もその一人だ。K医師への3時間近い取材は、救急現場の実態、開業医と勤務医の関係、東京と地方の医療の違い、そして働き方改革による医師の変化など、多岐にわたった。

そこでわかったのは、比較的医師の多い東京であっても、職場環境を変えなければ人が集まらないこと。そして、さまざまな医療改革を控えるいま、医師に求められる能力が変わりつつあることだった。

2020年の年始に、勤務先である大学病院の研究室で取材をさせていただいた。ここで、K医師が語った現在の医療と医師の問題に対する見解、そして医師はこれからどう働くべきか？　という内容は、状況や立場が違うドクターの皆さんにも大いに参考になるのではないかと思う。

救急医療の責任者は何をしているのか？

――長らく救急の現場で働かれていますが、いまどのような問題意識を抱えていますか？

私は、救急科の責任者として働いています。とくに問題意識を感じているのは、現場医師たちの働き方ですね。これは救急科だけではないと思いますが、患者さんのために長時間働くことが常態化してしまい、働き続けるのが難しい。この状況を変えようといま、力を入れているのが、リクルーティングです。しかし、なかなか人が来てくれません。

――救急科は、人気の科だという話を聞いたことがありますが……。

いいや、そうでもないですよ。救急は、何件も同時に救急車を受けると、一晩中、眠れないどころか、水分すら摂れない状態が続く過酷な仕事です。体力的にも精神的にもタフな仕事ですから、医療のスキルを磨きたい、勉強したいという志のある人しか来てくれません。そういう志のある人でも、体調面での問題だったり、子どもができるなど、ライフステージの変化があると長く続けられないという現状があります。その厳しい環境の中で、急患を断らない地域医療を提供するにはどうしたらいいかを考えなければいけません。その答えの一つが、リクルーティングなんです。

——具体的にはどのようなことをなさっているのでしょうか？

人材を確保するためには、待つだけではダメで、拠点の異なる病院にも積極的に口説きに行かなければいけません。魅力的な職場であることをアピールしながら、その人のキャリアプラン、生活環境のニーズを聞いて、見合った条件を提示する。毎回、真剣勝負です。そうやって人数が揃って初めて、ハードワークになりすぎないように調整できるんです。救急医療はマンパワーで回っていますから。いまいるスタッフが長く勤められる環境をつくるには、一人ひとりのＱＯＬを上げるしかないと思っています。

もう一つ大切なのは、育成という観点です。育成というのは、部下の自己実現を叶えることだと思います。そのためには、「自分はできる」という自己有能感と「やりたいことをやっている」という自己決定感を持ってもらうことが大切です。つまり、「今日も職場に行きたい」と思える心理的安全性の確保ですね。ただ、これが難しい……。

――といいますと？

私の経験からもそうなのですが、上司は部下の行動をどうしても否定してしまうんです。部下がエラーしたときや、意見が衝突したときは、とくにそうだと思います。ただ「今日も職場に行きたい」と思われるような環境をつくるには、原則、上司が譲らねばならないんです。すなわち、ムッとしているときでも「好きなようにやっていいよ」と言えるかどうか。そのうえで、「責任は私がとる」と思えるかが大事です。

――それは、なかなか難しいですよね。

なぜ自分が部下を否定してしまうのかを振り返ってみると、それは私の「自尊心」や「羞恥心」が原因だと気づいたんです。しかし、組織ということを考えた際に、自分への執着をなくすことが使命なのだと考えを改めました。私の感情や気持ちではなく、相手を尊重しなければならない、と。いま、医療現場のリーダーには、こういう「見えない努力」が求められているのではないかと思います。その思いは、ある程度部下たちにも伝わっていると感じています。

――他の病院の救急科も、同じく人手不足が課題なのでしょうか？

ある地方の病院などは、救急科の先生が皆辞めてしまって崩壊してしまったという話も聞きますし、深刻な問題になっていると思います。中部地方の病院に行ったときは、東京の医療との差に愕然としました。東京であれば、スタッフや施設も充実しているケースが多いので、重篤な患者さんでも粘って治療をするのですが、地方ではそうもいかない。

医師が一人しかいないからです。仮に蘇生しても、続けてケアができない状況なので、治療するよりも見送るというイメージに近かったですね……。とはいえ、どちらがいいのかは患者さんによって異なる部分もあるので、難しいところではあります。

――そうなんですか……。リクルーティングで他に行われていることありますか？

来てくれる医師へ払うバイト代を高めに設定しています。これはかなり喜んでもらえます。

――やはり、お給料面も重要なのですね。

どうしても勤務医は、開業医と比べると給料が低いですから。厚生労働省のデータによると、大学病院で初めて医局に所属すると、年収は３００～７００万円になるそうです。それなりに年収があればいいですけど、そうではないドクターたちは、忙しくてもアルバイトせざるを得ないんです。ハードワークな医師が多いのは、この辺りにも問題があると思います。

働き方を再考する時が来ている

――医師の方々のハードワークは、昔から続いていることなのでしょうか。

私の例でいうと、100時間、200時間連続勤務はざらにありました。3日間不眠という日もあり、帰宅しても部屋までたどり着かずに、玄関から半分足を出したまま寝たこともありましたね。バイトに行くときも、電車だと乗り過ごすし、車だと必ず事故を起こすと思っていたので、基本タクシーを使っていました。タクシーだと安心して寝られますから。遠方の病院に行くときなどは、バイト代が7万円なのに、タクシー代が4万円以上かかっていたときもありました。何やっているんだろう、って感じですよね……。

食に関しても、時間がなくてカップラーメンしか食べなかったり、逆に食べ過ぎてしまったりと、ある意味最低の生活だったかもしれません。といっても、そのころはもっと勉強したい、スキルを高めたいという気持ちが強かったので、そんなに辛いとは感じませんでした。周りのドクターも似たような生活でしたし。

――いまは、そのような状況から変わっているのでしょうか？

変わり始めたのは、15年くらい前に、新医師臨床研修制度ができたころですかね。無理な当直などがなくなり、長時間労働から若い医師が守られるようになったのです。そのころから、長く働くことがいいことではないという風潮に変わり始めました。若い医師の中には、もっと勉強したいのにできない、と不満を持った子もいるようですけどね。働き方改革に２０２４年４月から医師も適応になるとのことで、「年間の時間外労働９６０時間以下」を目指すことになります。ただ、救急医療機関などは、「年間１８６０時間以下」の特例になるようです。それでも、２０３５年には９６０時間まで引き下げると聞いています。その流れにあって、医療の現場、とくに救急の現場にはＱＯＬが求められているのだと思います。

日本独自の医師のあり方を見直すときが来た

――救急の現場に人が集まらないのは、労働環境以外にも理由があるのでしょうか？

あとは、医師の専門性にも問題があるかもしれません。研修医のときには総合医療を学びますが、そのあとは自分の専門に進みます。日本の医療の専門は臓器別に分かれているんです。ただ、高齢化の中で、救急に運び込まれてくる患者さんの病態が一つでないケースが非常に増えています。いわゆる複合疾患といわれるものです。総合内科、総合診療ができる医師が圧倒的に少ないという問題があります。いま、専門医と総合医の割合はおおよそ8：2だと思いますが、本当は逆でもいいくらいです。医師の専門性を磨き続けるのは険しい道で、だいたい40歳くらいになると、開業するのが一つのパターンなんです。病院内で偉そうだった人が、開業した途端に腰が低くなるというのもよく聞きます。中途半端に専門医だと、下手をするとジェネラリストでもなければ、スペシャリストでもない医師になってしまうので怖いですよね。

――２０１８年に導入された、専門医制度も現状と合っていないのでしょうか？

はい、世の中のニーズとは逆の方向を向いているのではないでしょうか……。それに専門の選び方にも問題があります。フランスですと、各専門科に定員があり、成績上位者から順番に選べるという制度になっていますが、日本はそうではなく、志願制です。つまり、どのような研修医も希望の科があれば、基本的に行けるのです。そういった制度上の問題で、科の偏在が起きてしまっているんです。具体的にいうと、皮膚科や眼科にドクターが集中していると聞いたことがあります。なぜその２つに集中するかといえば、十分な集患が見込める上に、夜間の呼び出しがなく、医師に負担がかからないからです。

――そういえば、街中にも皮膚科と眼科は多いですよね。その他に、どのような科が人気な

んですか？

ここ数年、麻酔科、放射線科、精神科は他の科に比べると大きく増えているんです。厚生労働省の資料を見ると、この3つの科は勤務医の週当たり勤務時間が少ないというデータがあります。そのことと関連性があるかもしれません。先ほどの、総合診療医と専門医の問題も含めて、医療のニーズと医師の制度とのボタンの掛け違えは、どこかで是正しなければいけないと思いますね。

――制度に関して、他に問題はあるのでしょうか？

一つの病院につき医師の数が足りていないという問題もあります。人口1000人当たりの医師数で見ると、OECDの中でも日本は平均を下回ります。

しかし、病院の数は世界1位なのです。世界2位のアメリカの病院数が5000軒ほど、それに対し日本は8500軒以上の病院があるそうです。その問題の要因は、かつて人口が増加し、国に医療費が潤沢にある時代に、私立病院が増えすぎてしまったからといわれています。

それは開業医の方々が理事を務める日本医師会が、開業医の診療報酬を高めに設定していることとも関係があると思います。さらに私立病院は、より少ない人数でより多くの診療報酬を得ようとしますから、どんなに忙しくても患者さんを断らない。その割を食うのがアルバイトに来た医師です。

逆に大学病院サイドで見ると、診療報酬が少なく設定されているぶん、人件費が引き下げられ、現場の医師たちは他の私立病院などへアルバイトに行かざるを得ないという構造になっています。これを知ったときは、かなり腹が立ちました。大学病院には、名誉やインセンティブはあるけれど、お金はない、とはよくいわれるところですね。

――大学病院の医師の皆さんは、既に複業のような業務形態なのですね。そして、そのバイトがハードワークの一つの原因になっているということですか？

基本的に、アルバイトをしないドクターを見たことがありません。それは、日赤関連の病院、大学病院、総合病院でも変わりません。その理由は、アルバイトを前提とした収入で生計を立てていることもありますが、医局に所属しているとアルバイトに行かざるを得ないという事情も大きいと思います。いまでこそ、一般企業が参入しつつありますが、医師の人材を取り仕切っているのは、基本的には大学の医局ですから。

――この状態は、これからも変わらないのでしょうか？

いや、いまちょうど節目を迎えているところだと思います。先ほども少し話しましたが、働き方改革の存在が大きいです。バイトがいままでと同じようにできなくなることに、現場の医師たちは戦々恐々としています。個人での連続勤務に規制がかかると、いまと同じ数のバイトをこなすことができません。そうすると、収入を確保できなくなるから大変です。医師は、これまでのように稼げる仕事ではなくなってきているのかもしれません。勤務医からしたら、バイトで思うように稼げなくなり、開業医からしても集患などに苦労して経営が大変という声を聞きますから。

これからの医師に必要なこととは

――先生は不動産投資をされていますが、それはどのような理由からですか？

アルバイトの収入分に大きな税金がかかることもあり、家計の収支が圧迫されていて、ずっと悩んでいました。資産形成を始めるきっかけになったのは、先ほどの勤務医がバイトをしなければいけない構造になっていることを知ったとき、純粋に腹が立ったからです。それまでは家族を養うために、しょうがないという気持ちでがむしゃらに働いていましたが、もっとうまくできないかと思ったんです。そこでインターネットでいろいろと調べているうちに、植田さんが書かれた『会話でわかる！　忙しい医師のための不動産投資』という本に出会いました。これが良かった。そこから実際にお会いし、信頼できる人だと感じたので、お金関係をすべて一任させてもらったんです。

――不動産投資の良さもあったけれど、大きかったのは植田さんの存在ですか？

そうですね。実物として資産が残るのはいいなと思いましたし、保険としての機能や節税の効果も魅力的でした。それに、バイトしなくてもいいように本業とは別に収益の柱が欲しかったので不動産投資はうってつけでした。しかし、一番良かったことは植田さんというパートナーができたことです。不動産に限らず、なんでも話せる間柄というのがありがたいです。ちょっと判断つかないときは、すぐに電話で相談しています。医師という閉鎖的な環境にいることもあり、客観的かつ親身なアドバイスが本当に助かるんです。

――投資を始めて、何が一番変わりましたか？

お金に関する余計な心配がなくなり、安心して本業に専念できる環境が整ったことが大きいです。不動産投資をしようかと思っていたときには、他の私立病院から膨大な報酬で院長をやらないかという誘いもあって、一瞬、心が揺らいだりもしたのですが、いまでは本当にやりたい大学病院の仕事に集中できています。もし、私一人で、不動産をやろうと思っていたら、さらに悩み事が増えていたのかもしれません。植田さんのおかげで医師としての初心に戻らせてもらった感じです。

――資産形成に関して、若いドクターや研修医の皆さんにアドバイスはありますか？

無駄遣いをせずに、先々のことを考えて行動するのがいいのではないかと思います。私自身は不動産投資を選択しましたけれど、それは皆さんがご自身で判断したらいい。ただ、頑張って患者さんを見ていれば、いい暮らしができるというある種の理想のようなものは、いま崩れかけています。ですので、とりあえず、いろいろな話は聞いたほうがいいのではないでしょうか。

――仕事面ではどうでしょうか。

医師は千差万別で一概には括れませんが、私自身は悩んだら苦しいほうを選択してきた、ということはいえるかもしれません。また、2025年に向けた地域医療構想により「医師」と「病床」の再配置が検討されています。つまり、それは別々の病院に勤めていた医師が一つの施設に集まる可能性があるわけですよね。同じ専門科の医師でも、働く施設が違えば、考え方や経験がまるで違います。再配置された新しい施設では、より標準化された高度な医療が求められると私は思っています。

働き方改革を4年後に、地域医療構想を5年後に控え、医師は個人事業主のような働き方に近づいていくはずです。今後、医師には医療のプロとしてスキルはもちろん、ある種の経営感覚が問われます。そのときに、専門以外のことは任せられるというパートナーを見つけることが大事なのではないでしょうか。

――今日はありがとうございました。

Doctors Interview vol.2

医師にとって、経営感覚が重要になっていく

阿久津医院　院長　阿久津寿江
阿久津医院――内科・肛門外科・皮膚科・泌尿器科・糖尿病内科
休診日／土曜午後・日曜・祝日　東京都葛飾区高砂2－30－21
http://www.akutsu-clinic.jp

医師という職業が安泰である時代は終わっている。

足元では少子高齢化による人口減という問題があり、高齢者が増えていくことで、病院経営は安定しそうであるが、実状はそう単純ではない。

ここ東京23区でも、厳しい医院経営の実情が伺える。

ある機関のデータによれば、勤務医よりも開業医のほうが高額な所得を得ているというデータがある。ただし近年、診療報酬の改定、医師会の機能不全など、社会情勢の変化に伴って、従来のやり方では医院経営が成り立たなくなってきている。いままでは盤石だった開業医も、そうではなくなっているのだ。

いったい医療現場で何が起きているのか。

そこには医師が取り巻く環境が一筋縄ではいかない実態がある。


取材先としてご協力していただいた阿久津医院は、東京葛飾区高砂にある個人医院である。この地域は東京の下町にあり、場所柄、職人なども多く住み、昔ながらの江戸情緒をもつ地域である。

東京の中でも地元色が濃いため、住民の高齢化が進む一方で、患者数は減っている。最近では医師会に所属しない医院も増えて、競争が激化しているという。医院経営は決して順風満帆とはいえない。

２０１９年の年末に京成線・立石駅近くの老舗の蕎麦屋・玄庵にて取材をさせていただくことになった。

今後、医師はどのような医院経営を強いられるのだろうか。興味深いお話を伺うことができた。

二代目医師として、地域に根づいた医院を目指す

もともとこの地で、父が医院を開業して40年ほどになります。父は外科医として地域医療に貢献していました。土地柄、地元の職人さんがケガをされて来院されたりします。でも、私自身の専門は内科医で、大学病院勤務時には糖尿病など生活習慣病が専門でした。そういった意味で、医院を継承するのは、とても心配でした。ただ、父が病気を発症してしまい、仕事ができなくなってしまった関係で、私自身が阿久津医院を経営していくことになりました。

私は内科が専門なので、外科医としての実践が乏しく、当初は不安だったのですが、現場での診療をいくつか経験して、「やっていける」という確信に変わっていきました。人間、やってみれば、なんでもできるもんだなぁと思っています。

――勤務医から開業医へと転身されて、戸惑いなどはなかったですか？

開業医は勤務医と違って、専門性ではなく汎用性が問われます。つまり、どんな患者さんが来るのかわからないわけです。阿久津医院として看板などに標榜している科以外の患者さんも来られる可能性があり、たとえ専門領域でなくても患者さんと丁寧に向き合っていく必要があるのです。もし、「そのような病気は、当医院では診られません」などといえば、その噂が地元の人々に伝わってしまいます。

内科医としてやっていたときとは違い、いろんな人々が悩みを抱えて来院されます。たとえば泌尿器科を標榜している関係で、性病を患っている方も遠方から来られます。これは患者さんの意識がそうさせると思うんですが、家の近くの病院には通いたくないという心理が働くんですね。だから、わざわざ遠くから来院されます。また、私が女医だということで、肛門外科では女性が圧倒的に多いです。これは阿久津医院の強みにもなっています。開業医で女医の比率はそう高くはありませんから、女性の患者さんにはぜひ来ていただきたいです。

――実際、病院経営に関わってみてどうでしたか？

思っていた以上に患者数が少ないということに驚きました。この地域は病院数もそこそこ多く、最近は医師会に所属しない医院もあります。あまりいいことではありませんが、患者さんの取り合いになっているのです。ある医院ではＭＲＩを導入して、職員にノルマを課しているという話も聞きました。そういった話をＭＲやＭＳから聞くのですが、もはや医師は診療だけをやっている存在では成り立たないのです。

当医院でも、一人でも多くの方に来院していただくために、リフォームして明るい吹き抜けにしました。また、完全バリアフリー化にするなど、経営努力をしています。

――そんな中で、不動産投資の存在をどのようにして知ったんですか？

たまたま本を見つけて知りました。読んでみると、「私にもやれそうかな？」と思って、不動産投資会社に連絡したんです。それがきっかけですね。

――どうして、投資に興味をもったのですか？

まずは先行きの不安というものがありました。開業医は何の保障もありませんから。父が倒れたのを機に、私自身もいつ働けなくなるかもわかりませんし、近い将来のことを考えなきゃなけないと思いまして。

医師のアルバイトに潜む罠

私は以前、国立大学病院に勤めていましたが、薄給だったこともあって、アルバイトをする必要がありました。これは私だけではなく、勤務医の実情なんです。

――いわゆる勤務医以外のフリーランス活動ですね。

そうです。ある個人医院に「院長」として、週1回勤務することになりました。その医院はまったく患者さんが来ないような個人医院で、いまから考えるとおかしいことだらけだったんですけど、当時はまったくその「おかしさ」に気づかなかったんです。

――そこで、何があったんですか？

私の知らない所で、高額な機器のリースなどが自分名義で契約されていました。つまり騙されていたんですね。「おかしいな」と思ったのは、私の自宅にカード会社からの督促状が届くようになったときです。そして、新しくクレジットカードをつくろうとすると金融機関の方から「つくることができません」といわれ、事が発覚したんです。そのころ、私がもともと持っていたカードの更新がことごとくできなくなるという件も重なって、「大変なことが起こっているな」と気づいたんです。

おまけに給与も未払いで一年間タダ働きをした挙句、職員から集団訴訟を起こされるという事態になってしまいました。

――まさに踏んだり蹴ったりですね。

そうです。悪い連鎖が重なりました。そのうえで父の病気のこと、阿久津病院を継承して医院経営をすることなどが重なり、思い悩むことが多かったですね。

でも振り返ってみると、私自身、世間のことに対して無知だったんです。勤務医として働いてお給料をいただき、おまけに週一回アルバイトを許される職業なんて、世の中にありませんから。

そのような恵まれた環境の中で私自身、感覚が麻痺していたんです。おまけに契約にも無頓着で相手を信用してしまった結果、このような事態を招いてしまいました。いま思えば、いい社会勉強になったと思っています。

――そこでの気づきはありましたか？

病院経営のことを理解する必要がある、と思いました。当たり前のことなんですけど。つい現場のこと、医師として患者さんと向き合うことばかり考えてしまうところがあるんです。「医療バカ」とでもいうんですかね。でも、いまは医療バカの医師では生きてはいけません。もっと広い視野をもって医療を捉えなくてはいけないと思います。診療報酬も改訂する度に経営は苦しくなっていますから、医師はサービス業であると考えないと、地域で支持される医院にはなっていきませんよね。

資産形成から経営まで、何でも相談できるパートナーの存在

じつは私が「院長」トラブルを抱えていたときに知り合ったのが、トライブホールディングスのコンサルタント、植田幸さんだったんです。植田さんとは打ち合わせを重ねるうちに仲良くなって、何でも相談できる関係になっていきました。

ですから、最初は不動産を購入するつもりで話をしていたんですけど、私自身の取り巻く状況が最悪だったので、「不動産はもういいや」と半ばあきらめかけていました。そんな状況の中、植田さんには親身に相談に乗ってもらい、問題解決に向けて動いていただきました。

――植田さんはパートナーとしてどんな存在ですか?

頼もしいの一言です。クレジットカード会社との交渉などに動いてもらったり、医

院経営のことも相談したり、いろいろとお世話していただきました。植田さんは、本当に心の支えでしたね。植田さんがいなかったら、どうなっていたかわかりません。いまは一友人としてのお付き合いもさせてもらっています。ビジネスの垣根を越えて、なんでも相談する関係です。感謝の気持ちしかありません。

――そもそも不動産投資するつもりだったんですか？

はい。しかし、状況が悪かったので、そもそも不動産投資できるのかもわかりませんでした。ですから、医師としてのメリットを最大限に生かした投資というわけではありません。ただし、それなりに預貯金があり、信用力があったので、実現できました。そういう意味ではサラリーマンの方に近い不動産投資ですね。投資物件は、都内の新築区分マンションです。

医師として経営感覚を磨いていく

――今後のプランなどありましたら、お聞かせ願いますか?

とりあえず、当面はこのまま持ち続けようと思います。いまの時代はトライアル&エラーでやってみることが必要です。そういう意味で、医師の方は投資について真剣に考えるべきでしょう。

今後は、ますます医院経営は厳しくなっていきます。全国にある国公立病院は赤字で喘いでいます。そして国公立病院だけでなく、私立病院、個人医院も例外ではありません。そういった中で医院経営そのもののあり方、医師個人も変わっていかざるを得ないのではないでしょうか。

――阿久津医院も、何か新しい試みはされているのでしょうか?

はい。診療時間を19時にしています。近隣の医院は18時までというところが多いので、特徴的だと思います。実際、18時を過ぎて仕事帰りなどの方が来院されるケースは多いです。その他、休日診療なども行っています。また、他の医院との違いは「院内処方」ですね。

――それはいまどき珍しいのではないでしょうか？

ええ、そう思います。一般的には処方箋を出して、近くにある調剤薬局で薬を購入しますが、そうすることで、患者さんは余計なお金を払っています。ですから、阿久津医院では院内処方にこだわって、医院で薬をお出ししています。

――それは、けっこう大変ではないですか？

ずっとやってきたことなので、当たり前のことだと思っています。患者さんにとって薬代の節約にもなりますし、わざわざ薬局に行かなくていいので、双方にとってメリットがあります。ただし、薬を常備しておかなくてはならないため、在庫を確保していくなど、運用面では面倒なところはあります。

――話は少し変わりますが、週に一回、阿久津医院以外での活動もされる予定があると伺いました。

木曜日に、他の医院から医師の方に来ていただいて、その代わりに私が別の活動をしたいと考えています。たとえば、私自身の専門領域を生かしたフリーランス活動ですね。

――それは、医院経営と関係があるのですか？

はい。自身の医院での診療だけですと、「井の中の蛙」になってしまいますし、外の世界を見て自分を研鑽する意味でも、フリーランス活動をしたいと計画しています。

――これからの医療のあり方を示唆していますね。

これからは医師の働き方も多様化していくでしょう。医療全体としては「専門医」という方向に向かっていっていますが、一方でフリーランス医師の需要は高まっているように思えます。本書の著者である大見先生は少し前まで麻酔医師としてフリーランス活動されていたと聞いていますが、そのような専門医師だけでなく、今後は私のような内科医であっても、フリーランス活動は増えていくと思います。

――医院経営も多様化していく流れにあるということですね。

そうです。だからこそ、経営感覚というものが非常に重要になってくるのです。そういう意味で、あまり時間を取られず、安全性の高い確実な投資として不動産投資を行っていくというのは、守りの経営という意味で必然なのかもしれません。不動産投資の実際は、自分が不動産のオーナーになって賃貸経営をしていくことですから、投資というよりも、経営に近いですよね。まだ私自身、不勉強なところもあって、不動産投資の細かい点まで把握できていませんが、経営感覚を磨く意味ではやってみてよかったです。これから、さらに知識を身につけて、資産形成もさまざまなことにトライしていこうと考えています。

――今日は貴重なお話を伺うことができました。ありがとうございました。

第5章

不動産投資を賢く始めるためのQ&A

Q 不動産投資の仕組みなどは理解できましたが、このあとまず何をしたらいいのでしょうか？

最初にすべきなのは、いま自分はお金をどのように扱っているか、その実態を知ることです。第2章でも述べましたが、ここではより詳しく説明していきます。

まず、最近1カ月間のお金の収支がどうだったか、収入と支出がどのくらいあったか、そのバランスをきちんと把握しましょう。

収支のバランスを見て、無駄と思える支出は減らさなければいけません。衝動買いで買ってしまった、というような計画性のない買い物が必ずあるはずです。要するに節約なのですが、一番の節約は生活にかかっている固定費を減らすことです。

固定費というのは、住居費、保険料、通信費などです。住居費が高ければ家賃の低いところに移ればいいのですが、なかなか時間がかかります。

保険料なら、すぐに見直しができるでしょう。死亡保障の保険で、独身者なのに家族4

人ぶんの保障になっていたりするケースがあります。また、かけ捨てタイプの死亡保障の保険に加入しているとすれば、本当に必要なのかどうか、検討する必要があると思います。

通信費もバカになりません。携帯電話、ネット回線、モバイルなどで通信費だけで4〜5万円を支払っている人も多いのです。その他、散髪代を安くする、エステに行く回数を少なくするとか、いくらでも支出を抑えることができるはずです。

節約は大事ですが、絶対に減らしてはいけない支出もあります。それは、自己投資のお金です。セミナーの受講料、音楽やスポーツのレッスン料など、10年後にその成果が返ってくるような投資は、削ってはいけません。これを削ると、人生が豊かにならないし、未来が乏しくなってしまいます。

自分が何に支出しているのか、そして、減らせるのがあるのもわかった。だが、具体的にいくら減らせばいいのかわからない。そういう人も少なくないでしょう。そのときは、ファイナンシャルプランナー（FP）に相談しましょう。

近くでセミナーが開催されていないか探したり、FPの資格を持った不動産投資会社の担当者に相談するのもいいと思います。大事なのは、信頼できる担当者を見つけることです。そのために、複数のセミナーや勉強会に参加することをおすすめします。また書籍や動画など、自分一人で学ぶ手段もたくさんあります。ここは自己投資だと考えて、お金を惜しまないようにしましょう。とにかく、行動が大切です。ちなみに私も信頼できる人を見つけ、相談しながらライフプランニングを組み立てていきました。

Q2 不動産投資のマイナスイメージがどうしても払拭できません。

私も最初は不安でした。巨額のお金が動いて、借金を背負う。もしだまされたらどうしようう、そう思っていました。

また、どこで私の連絡先を調べたのかわかりませんが、不動産の勧誘の電話がしつこくかかってくるのです。そんな電話に不快感と不信感を覚えました。不動産投資がどういうものか知らない人は、マイナスイメージを持っていて当然だと思います。

たしかに、かつては「不動産＝危険」というイメージが強くありました。いまでもそのイメージ通りの不動産会社もあるのは事実です。ただ同じくらいに、良心的な会社もたくさんあるということは、知っておいてほしいと思います。不動産業界は変わりつつあります。それは、実際に会社に行って担当者に会ってみないとわかりません。変な会社だったら、やめればいいのです。

もう一つ、マイナスイメージが強いのは「借金」がからんでいるからでしょう。バブルのころは、「借金はするものではない、借金は悪だ」といわれていました。借入れなしで投資をするなら、いままでと同じです。株や投資信託のようなものしかできません。

不動産投資は、銀行から借入れするところから始まります。借金を悪だと思わずに、借入れの仕組みをうまく利用するのだと考えてみてください。

だれもが不動産投資ができるわけではありません。だれもが融資を受けられるわけではないのです。医師という職業の優位性なのだと思って、うまく使えばいいのです。

マイナスイメージだからといって、何もしないのでは資産形成はできません。わからないことも少なからずあると思いますが、まずは相談できる担当者、会社を見つけて、疑問点を必ず解消するようにしながら、取り組んでください。私自身、事前に勉強をしていましたが、実際に不動産投資をやってみて気づいた点やわかったことが数多くありました。

Q3　実際の契約までの流れはどうなっているのでしょうか。

私自身の経験と担当者から教えてもらったことを合わせてお伝えします。

不動産投資を始めようと思ったならば、まず不動産会社へ行って話を聞きましょう。面会した担当者は、あなたのいまの状況をヒアリングします。あなたの年齢、年収、家族構成、どういう目的で不動産投資を始めるのか、他に何か投資をやっているか、などを尋ねられます。

担当者から聞かれたとき、きちんと答えたほうがスムーズです。そのために、事前に資料を用意しておきましょう。生命保険の明細、確定申告の資料、株や投資信託などをやっているならその関連資料、その他納税で控除されているもの、などです。

担当者から「住宅ローンはいくら払っていますか、残債はいくらありますか」と尋ねられて、「えーっと……」と答えられない人が多いそうなので、事前に資料を見てきちんと把握しておくことが大切です。正確に現状を伝えれば、精度の高い提案をしてもらえるようになります。

ヒアリングを終えると、担当者はあなたの投資目的に合わせて物件の提案をしてきます。価格はこのぐらいで、家賃収入の収支はこうなります、といったふうに。その提案に納得し、担当者や会社にも問題がないことが確認できたら、購入の決断をする前に、一度物件を見に行きましょう。

どうしても仕事が忙しくて見に行けない、物件の場所が遠くて見に行けない、というときは、インターネット検索で現地を確認する、担当者に撮ってきてもらった写真を見る、などの方法があります。ただ契約後でも、一度は現地の物件を見たほうがいいでしょう。

以上をまとめると、不動産会社を訪ねる→担当者からヒアリングを受ける→物件の提案をされる→物件を見に行く→契約というのが大きな流れになります。

Q4　良い不動産会社を見分けるにはどうしたらいいのでしょうか。

不動産会社はたくさんありますから、どの会社が良くてどの会社が悪いか、見分けるのは難しいかもしれません。私の経験からいうと、医師であれば、医師の不動産投資に特化している会社がおすすめです。実際に始めているドクターたちの事例など、多くの情報が聞けるからです。

医師専門とうたっていながら、そうでない会社もありますので注意が必要です。しかし、担当者と会って話してみれば、医療業界の流れを把握していなかったり、よく使われる専門用語を知らなかったりするので、自然とわかるはずです。

そして、物件の販売だけではなく、あなたの医師としての人生設計を考えたうえで、不動産投資を提案しているかどうかを見極めましょう。相談をして、深みのある話をしてくれる担当者がいいと思います。その対応で、会社の良し悪しを判断しましょう。私の場合は、良い担当者、良い会社と最初に出会えたので幸運でした。また、会社としてどのような集客方法をとっているかも、判断材料の一つです。先にも述べたように、しつこく勧誘の電話をかけてくるような会社はあまりおすすめできません。人からの紹介や、自分で調べていいと思った会社から話を聞いてみましょう。

Q5　物件の種類にはどんなものがありますか。

不動産投資はまず一棟投資、区分投資で大きく分けられます。そこから、新築か中古か、首都圏か地方かによって、特徴が変わってきます。一棟投資とは、部屋単位ではなく、土地と建物全体の購入を指します。区分投資とは、一棟マンションやアパートから、1部屋もしくは複数の部屋を購入することです。

不動産投資の初心者には、区分マンション投資が向いています。価格的に投資しやすいからです。

区分マンションをさらに分類すると、以下のようになります。

❶新築か中古か
❷シングル向きかファミリー向きか
❸首都圏か地方か
❹国内か海外か

この分類でどれを選ぶかは、あなたの判断次第です。たとえば「新築・シングル・東京」「中古・ファミリー・地方」「新築・シングル・海外」など選択肢はいくつもあります。

選択肢の中で最も悩むのは、新築がいいか中古がいいかという点です。

新築には、金融機関からの融資がつきやすいというメリットがある反面、購入価格は中古より高くなります。中古には、価格が安いというメリットはありますが、融資がつきにくく金利も高くなります。どちらも一長一短があります。

なお、新築とは築10年ぐらいまでの物件を指すことが多いです。修繕が必要となるリスクの少ない築10年ぐらいの物件を所有することにより、費用を少なくするやり方もあります。

中古の場合は、築20年30年となると修繕のリスクが発生しますが、たとえば築30年の中古のワンルームマンションをキャッシュで買って、それを増やしていくというやり方もできます。毎年ひとつずつ500万円の物件を購入していくと、10年後には5000万円の資産を持てるようになるわけです。

区分マンションよりも、一棟のマンションを持ちたい、と考える人もいるかもしれません。一棟投資は土地と建物を合わせた物件で融資を受ける形ですが、新築の一棟マンションは価格が高いです。もし、投資するなら中古の物件が無難です。区分マンションをいくつか買うよりも、一棟をまるまる買ったほうが相対的に安くなるケースもあります。

いずれにしても、どのような投資対象を選ぶか、それは担当者とよく話し合ったうえで、最終的にあなた自身が決めることです。

Q6　物件の地域は、どこがおすすめですか。

先にも述べたように、私は最初に札幌の物件を買い、そのあと東京の物件を購入しました。札幌の物件も最終的に利益は出たのですが、やはり東京のほうが入居者の需要が高く、物件の流動性も高いので、断然おすすめです。

東京でも23区内がいいのですが、ターミナル駅（東京、池袋、新宿、渋谷など）から30分圏内の電車の駅、そこから徒歩10分以内であれば、安定した入居者の需要が見込めます。

ワンルームのメインの居住者である単身者は、何よりも利便性を重視して部屋を選びます。したがって、コンビニ、病院、スーパーなどが近くにあると、より好条件となります。ただ東京以外にも、横浜、川崎など需要のある地域がありますので、そちらも合わせて検討しましょう。

物件を選ぶとき、自分が住みたくない地域の物件だからやめるという判断はするべきではありません。なぜなら、投資する物件はあなたが自分の住居用に使うわけではありません。あくまでも、そこに住む人にとって利便性、効率性があれば、自分が住みたくない地域でも投資すべきです。

たとえば、繁華街の近くに物件があるとしたら、ファミリーからすると住みたくないでしょうが、近隣のお店で働く単身者からはニーズがある場合があります。また、大きな病院や大学など、人が集まる施設が近くにある地域も、安定した需要があります。これらの地域は、ワンルームの投資効率としてはきわめて高いということができます。

物件を選ぶ際には、自分の主観的な好みではなく、住む人を想定して、その人にとって利便性の高い物件を探しましょう。

Q7 物件の仕様で注意すべきところはどこでしょうか。

いまの時代、何よりも防犯設備が大事でしょう。オートロック、テレビインターホン、エレベーターの監視カメラなどです。これらがきちんと整備されているかどうかが、物件の価値を決めることになります。また、セコムのような警備会社の防犯システムと連携していればなおいいでしょう。

その他、物件の「水回り」にどれくらいお金をかけているかが重要だという話をよく聞きます。水回りの修理には高額の費用がかかるので、築20年30年の中古マンションでは、キッチンユニットや風呂釜が一度も変わっていないことがあるらしいのです。

クロスも張り替えて、床のフローリングもきれいにリフォームしてあるのに、風呂釜が茶色いまま置いてある。これだけで、だいぶ印象が悪くなってしまいます。

新築では、キッチンや浴室のスペースをワンルームの半分近くとってあることが、資産価値を判断する基準になるそうです。ですから、水周りもよく確認しましょう。

Q8　不動産投資を始めるタイミングは、いつがいいのでしょうか。

結論から言えば、あなたが物件を買いたいと思った「いま」です。

いまは金利が高いから買わない、あと数年待てば価格も下がるだろう、オリンピック前よりも後がいいだろう……などと考え続けて結局買わないままで、そのうち「ああ、あのとき買っておけばよかった」と後悔する、そんな人も多いのです。

一般論として、ローンの金利が安いときが買いどきだ、とはいえます。しかし、金利は金融機関によってその数字は異なりますし、毎月変動します。もっと安くなるだろうと期待してもその通りになるとは限らないので、そこにこだわるのはあまり得策ではありません。

もしかすると、近いうちに異動があって職場が変わり、収入が減ってしまうかもしれません。あるいは、急に病気で倒れてしまうかもしれません。病気の種類によっては、団体信用生命保険には入れなくなるケースもあるのです。

不確定な将来ばかりを考えていると、いまあるチャンスを逃してしまいます。良い担当者、良い会社にめぐりあって、紹介された物件がいいなと思えたら、その縁とタイミングで動くことです。買えるときに行動する。いまの最善をつくしましょう。私も、そうやって決断しました。

Q9　買ったあと、どのようなフォローが必要でしょうか。

基本的に、物件の管理は管理会社に任せますから、物件所有者として何かするということはありません。

ただし、最近は台風、洪水、地震といった天災が増えています。もし、買った物件が天災被害の関連地域にあった場合は、管理会社に状況を確認しておきましょう。

また、区分マンションでは建物の管理組合が年に一回総会を開いて、積立金や修繕計画などを話し合います。物件の今後に関わることなので、出席して事業計画を聞いておくといいでしょう。もし忙しくて自分が行けなければ、不動産会社の担当者に行ってもらい情報を得ておくことをおすすめします。

Q10　物件の売却時期、買換え時期はいつがいいのでしょうか。

最初から「〇年後に売る」とはっきり決めて物件を買う人はあまりいないと思いますが、いつぐらいに売るか、売ったあとどうするかという漠然としたイメージは持っておいたほうがいいでしょう。

たとえば、「5年後、10年後にはライフスタイルが変わっているだろうから、そのときにいったんゼロにしてもいいかな」「持ち続けて、子どもに残そう」など。

そのイメージをもとに、担当者と相談をして、イメージとどのくらい差異があるかを詰めていくのがいいでしょう。5年後に売却したいと思っていても、物件によっては10年後まで待ったほうがいい、といわれる場合もあるので。もちろん、売却せずに持ち続けて、保険機能や年金代わりに活用する選択肢もあります。自分が不動産投資をしている目的を、定期的に見直すことが大切です。

私が札幌の物件を売ったのは、節税効果がなくなってきたことが大きいですが、私の周りでは、物件を買って10年ぐらいしたら売却して、新しい物件に買換えるという人が多いように思います。

ただし、年齢が高くなると買換えは難しくなります。新しく購入する物件の借入れのローン返済の年数が短くなるので、毎月の返済額が増えるからです。

したがって、なるべく若いうちに不動産投資をスタートしたほうが、売却や買換えの戦略が描きやすくなります。

たとえば、30歳で始めて10年後の40歳で買換え、さらに10年後の50歳で買換えすれば、買換えが2回できるので、投資効率がよくなります。

これに対して、50歳で不動産投資を始めたとすると、仮に5年後に売却したとしても、55歳で新たに物件を買うとしても、短期間で借入れを返済しなければいけませんから、毎月の返済額が高く、家賃収入とのバランスで利回りが低くなってしまうのです。買換えも数多くはできません。

要するに、不動産投資は若いうちから始めたほうがさまざまな投資効果を期待できる、ということです。私も早いうちから始めたおかげで、資産をつくることができました。これからも、条件の良い物件を探しながら投資を続けていくつもりです。

Q11 不動産投資以外でやっておくべきものはありますか。

不動産投資をやったからといって、資産形成はこれですべて安心、というわけではありません。ですから、お金を貯める仕組みを不動産投資以外でもつくっておく必要があります。たとえば、iDeCoや収益が非課税になる「NISA（ニーサ）＊」をやってみるのもいいと思います。

毎月の固定費の支出を見直しながら、投資に回すお金を増やしていきましょう。不動産投資をきっかけにして、お金に対して興味を持ち、自分の生活のあり方を考えることが大事なのです。私も始めてから、節税対策やお金に対して真剣に考えるようになりました。これは不動産投資の思わぬ収穫の一つでした。

＊ニーサ＝少額投資非課税制度。毎年120万円まで投資で得た利益が、2023年まで非課税になる。

コラム　コンサルタントの目線 4

私たちが喜びを感じるとき

私は若いときから、お金がないことへの恐怖心が人一倍強くありました。投資を始めたのは、社会人2年目の24歳のときです。そのころは貯金が30万円ぐらいしかなくて、早く100万円に増やしたいと考えていました。投資信託、株、FX、外貨預金など試した結果、貯金100万円を達成できたのですが、そのために体力も精神的なエネルギーも消耗しました。不動産投資を知ったのはそのころです。ただ当時は年齢も若く、社会的信用もなかったので、最初は融資を受けられませんでした。その数年後に、ようやく不動産投資を始められるようになり、いまでも所有しています。現在は不動産を含めた、いくつかの投資に絞って自分の資産形成を行いながら、クライアントにマネープランを提案するコンサルタントを続けています。

私はコンサルタント歴14年になりますが、これまでいろいろなお客さんのお手伝いをさせていただきました。

不動産を通して、お客さんのお金の相談相手になることで、その方の人生に関わることになります。人生設計の一人のパートナーとしての役割を担うわけです。一人のお客さんから、次のお客さんとして自分の身内や知人・友人を紹介していただいて、どんどんその輪が広がるたびに、やりがいを感じます。

紹介していただくというのは、信頼されているということですから、その気持ちに応えたいと思うんです。そして一番嬉しいのが、お客さんが「相談できる相手ができたおかげで、医師の仕事に集中できるようになった。仕事に夢を持つことができるようになった」と言ってくださったときです。この仕事をやっていてよかったな、と心から思える瞬間です。

エピローグ
これからのドクターたちへ

成功ドクターの共通点とは

これからの医師は資産形成を考えなければいけないこと、そのためには不動産投資が有効な手段であることを十分理解していただけたでしょうか。

医師は高収入で安定した職業という思い込みは、もはや捨て去るべきではないかと思います。とくに、若い医学生や研修医たちは、国の将来が不安定ですから、いまのうちにしっかりとした資産形成の計画に取り組むようにしましょう。

そもそも資産形成とは何かがわからない、投資とは何かがわからない、保険や年金や税金の仕組みがわからない、そういう人も少なくないでしょう。そんなときは、まずお金に関する知識を身につけることから始めてみてください。

そして、資産形成が必要だと感じたら、まず何か行動してみましょう。投資のことはわかった、でもやらない。これでは前に進みません。多少の失敗はあっても、実行しなければ目的を達成できないのです。

さまざまな話を聞いていると、不動産投資に成功している人たちには、いくつか共通点があるようです。それを紹介して、結びとします。

①長期ビジョンで将来像を描いている

何のために不動産投資をするのか、その目的がはっきりしている人が成功しやすいと思います。子どもの教育費を確保するため、生命保険の代わりにするため、将来の年金のため、万が一に備える保証のためなど、目的をしっかり決めれば真剣に取り組めるので、失敗はしづらくなります。また、不動産は長期間所有していることで価値が高くなります。すぐに売ってお金に換えたい、と言っても利益は出ません。10年といった長期ビジョンの生活設計の中で不動産投資を考える人がうまくいきます。

②経営者の視点を持っている

不動産投資には、利回りとか減価償却とか税金とか、さまざまな数字が伴います。それらの数字がどのように出てきたものなのか、しっかり把握しておく必要があります。また、空室になったらどうするか、古くなったら修繕をどうするか、不動産の価格が下落したらどうするか、といったリスクにきちんと対応できなければ**不動産経営**を維持していくことはできません。

不動産を所有することは事業を経営することに近いと思います。したがって、オーナーであるあなたは、経営者としての視点を持たなければいけません。

不動産投資に成功するのは、皆そのような経営者としての視点をしっかり持っている人たちばかりです。競争が激しくなるこれからは、**医師も経営感覚が求められます**。その意味で、不動産のオーナーとしての経験は、やがて本業においても活かされることでしょう。

③よきパートナーをたくさん持っている

不動産投資は自分一人ではできません。コンサルタントを始め、税理士、弁護士、生命保険会社の社員など、いろいろな人にサポートしてもらわなければいけません。それらの人たちが一つのチームとなってあなたの不動産投資を支えてくれているのです。したがって、不動産投資に成功するためには、サポートをしてくれる良きパートナーをたくさん持っていることが大切なのです。

④情報収集が上手い

人の性格はさまざまですが、アドバイスを一度素直に聞いてみることをおすすめします。担当者や会社によって提案が異なりますので、それらの情報を聞き入れて、比較してみましょう。多角的な情報をもとに判断したほうが、より良い選択ができると思います。資産家ドクターたちは、その辺りの情報収集が非常に上手です。また、不動産投資は金融機関から融資を受けて始まりますが、その融資の借入れを「借金」という負のイメージでとらえてはいけません。「借金」ではなく、資産形成のための資金だ、と前向きに考えましょう。

⑤ 実行力がある

不動産投資はだれでも100%成功するとは限りません。空室が続いて家賃収入が入らずに、生活費を取り崩すことになったり、購入したときの価格よりも安く売却せざるをえなくなって、損をしたりすることもあります。

しかし、だからといって何もやらないのでは、そもそも投資で成功することはできないのです。失敗する可能性があるかもしれないが、とにかくやってみる。そして、準備をできる限り行う。もし失敗したら、それを教訓としてまた新たに挑戦してみる。そういう積極的な実行力を持っている人は、不動産投資でも成功します。

以上、不動産投資に成功する人の共通点をお話しさせていただきました。本書がこれからの一歩を踏み出そうとするドクターの皆さんの少しでもお役にたてれば幸いです。

本書を制作するにあたり、多くの方々からご助力を賜りました。まず、監修者の植田さんに心より御礼申し上げます。

「医師の方々に、本当に役立つ本にしたい」という植田さんの想いからこの書籍は生まれました。またK先生、阿久津先生のお2人には、お忙しい中、貴重なお話を聞かせていただきました。医師の働き方、生き方が大きく変わろうとしているいま、資産形成や経営視点の重要性を再認識いたしました。ご協力いただいた多くの先生方に、この場を借りてお礼を申し上げます。本当にありがとうございました。最後にクロスメディア・パブリッシングの皆様には大変お世話になりました。この本を読んだことで、少しでもあなたの人生が豊かになることを願っています。本書が、身を粉にしながら毎日働いている医師の皆さんの希望ある未来の一助となれば幸いです。

大見貴秀

【著者略歴】

大見貴秀（おおみ・たかひで）

大見医院院長。常勤医からフリーランス医になったときの税制の違いに驚き、日本の税制について幅広く勉強する。フリーランスの麻酔科医として就業する傍ら、資産形成を目的としてさまざまな事業展開を行っていた。医師としての活動の他、不動産賃貸業、法人の代表取締役として活動中。フリーランスの税制、医師や高所得者の節税、医師の資産形成などの情報発信を行うほか、セミナーなども多数開催。

【監修略歴】

植田幸（うえた・さち）

資産コンサルタント。宅地建物取引士、AFP（日本FP協会認定）。
金融業界、国際的情報機関を経て、2006年不動産業界へ。中古住宅再生事業、新築マンション事業、リノベーション事業等を経験したのち、トライブホールディングス入社。クライアントの大半が医師であることから、「医師の方々が本業に専念できるための資産サポーターでありたい」をモットーに、医師ならではの悩み、不安、苦悩の解消に奔走している。現在、執行役員として社内マネジメントの傍ら、全国にて講演を行うなど幅広く従事。

失敗《しっぱい》から学《まな》び続《つづ》けた、資産家《しさんか》ドクターの投資術《とうしじゅつ》

2020年 4月 1日　初版発行

発行　**株式会社クロスメディア・パブリッシング**

■本の内容に関するお問い合わせ先 …………………… TEL (03)5413-3140 ／ FAX (03)5413-3141

発売　**株式会社インプレス**

〒101-0051　東京都千代田区神田神保町一丁目105番地

■乱丁本・落丁本などのお問い合わせ先 ……………… TEL (03)6837-5016 ／ FAX (03)6837-5023

service@impress.co.jp

（受付時間　10:00 ～ 12:00、13:00 ～ 17:00　土日・祝日を除く）

※古書店で購入されたものについてはお取り替えできません

■書店／販売店のご注文窓口

株式会社インプレス　受注センター ……………………… TEL (048)449-8040 ／ FAX (048)449-8041

株式会社インプレス　出版営業部 ……………………………………………… TEL (03)6837-4635

カバーデザイン　cmD

本文デザイン・DTP　荒好見（cmD）

校正・校閲　konoha

印刷・製本　株式会社シナノ

ISBN 978-4-295-40401-9 C2034